빛과 색

자연이 빚어내는 연금술

차례
Contents

03 빛과 색에 관한 이야기를 시작하며 05 빛의 발생 원리와 다양한 모습 11 다양한 색을 연출하는 명감독 18 시세포와 청록색 수술복에 숨어 있는 비밀 27 빛의 조화에 의한 미술 감상법 37 가슴 설레게 하는 단풍 색깔에 얽힌 비밀 45 자연의 예술 속에서 엽록소가 사랑하는 색깔 54 신비로 가득 찬 무지개의 내면세계 63 파란색의 연출자인 하늘과 바다 69 자외선의 특성과 선탠 및 선번 현상 77 자연의 건강관리사, 색채 84 화장품과 피부미용에서의 색채 93 맺음말

빛과 색에 관한 이야기를 시작하며

일상생활에서 빛과 색은 삶을 지탱하는 버팀목이다. 빛이 없으면 식물이 생장할 수 없고, 우리의 삶에 기본적 바탕인 식물이 없으면 이 지구상에 존재할 수 있는 것이 없다. 또한, 빛 때문에 나타나는 아름다운 색은 생활에 다양성과 풍요로움을 선사한다.

이런 측면에서 빛과 색은 과학적 관점에서 접근해야 된다. 빛과 식물의 존재 자체가 인간의 삶인 동시에 과학 발전의 출발선(出發線)이며 종착역(終着驛)이다. 이러한 현 시점에서 빛과 색의 기본적 바탕과 응용분야를 더듬어 보는 것은 현대를 살아가는 모든 이들의 책무일 것이다.

이와 같은 각도에서 이 책은 "빛과 색을 사랑해야 되는 이

유가 무엇일까?"라는 물음표를 느낌표와 마침표로 변화시킬 수 있는 방향타(方向舵) 역할을 할 것이다. 다양한 색을 연출하는 명감독이 갖추어야 하는 식견, 빛의 조화에 의한 미술을 감상하는 방법, 단풍 색깔에 얽힌 비밀과 식물의 잎들이 사랑하는 색깔, 무지개의 내면세계, 파란색의 연출자인 하늘과 바다의 신비계, 건강한 피부 관리법, 그리고 색과 관련한 화장품의 뿌리 및 색채요법(color therapy) 등에 대해 고찰(考察)·반추(反芻)하는 자세는 내일의 삶을 영위하는 데 윤활제 및 촉매 역할을 톡톡히 할 것이다.

그러므로 이 책에서 기술한 빛과 색의 내면세계에 담겨있는 근본적 원리를 이해한 후에 형광등 및 백열등, 리모컨, 컬러TV, 컬러 필름, 광촉매, 빛을 이용한 해충 퇴치법, 광핀셋으로 DNA에 매듭을 만드는 방법, 레이저광에 의한 세포 식별법, 그리고 빛으로 암세포를 공격하는 방법 등 무궁무진한 응용분야에 차분하게 접근하길 바란다.

아무튼, 각계각층의 독자들이 이 책을 통해 삶의 터전에서 조우(遭遇)하게 되는 빛과 색에 대한 궁금증과 느낌표에 애착을 가지고 탐색하는 과정을 '하나 더 갖게 된 행복의 덩어리(cluster)'라는 것을 깊이 인식하길 기원한다.

빛의 발생 원리와 다양한 모습

'빛나다'는 말 속에는 '빛나다'는 의미 외에도 '반짝이다'는 의미가 있다. 전자는 스스로 빛을 발(發)하는 것이고, 후자는 빛의 반사를 의미한다. 스스로 빛을 내는 것으로는 태양, 전등, 반딧불이 등이 있다. 밤하늘의 달이나 별도 빛나지만, 이는 태양광이 반사되어 보이는 것이다.

여기서 물체가 발광하는 측면을 논의할 수 있을 것이다. 고온의 물체는 빛을 발한다. 니크롬선에 전기를 통하면 열을 내면서 니크롬선의 색이 암적색, 즉 검붉은 색이 된다. 니크롬선은 고온이 되면서 점차 밝아지다가 마침내 흰색에 가까운 빛을 낸다. 니크롬선은 니켈, 크롬, 철을 주성분으로 하는 합금인데, 이 합금에 전기가 흐르면 성분 금속의 원자가 격렬하게 진동하기 때문에 열이 발생된다. 외부에서 걸어준 전위차가 없을 때는 열적 진동 때문에 전자는 모든 방향으로 움직일 수 있으며, 이러한 운동을 평균하면 알짜 변위(열 등에 의해 모든 방향으로 운동하는 상태를 평균한 실제적 변화)는 0이다.

원자가 진동할 때 원자에 있는 전자도 진동한다. 이 전자의 진동에너지가 빛으로 방출된다. 백열전구는 이러한 원리로 빛을 내는데, 전기에너지가 일단 열로 변화한 다음에 빛을 내므로 빛을 내는 백열전구는 매우 뜨겁다. 이렇게 열이 빛이 되는 발광 원리를 열방사(熱放射)라고 한다.

우리가 흔하게 이용하는 형광등은 어떻게 빛을 내는 것일까? 형광등은 백열전구처럼 표면이 뜨겁지 않다. 형광등은 전기에너지를 직접 빛으로 바꾸며, 그 발광 원리는 백열전구와 전혀 상이하다. 이들과 관련된 발광의 메커니즘을 더듬어보자.

물질은 원자들로 이루어져 있으며, 이 원자는 원자핵과 전자로 구성되어 있다. 전자는 원자핵 주위를 돌고 있는데, 보통은 원자핵과 전자의 전하가 균형이 잡힌 안정된 에너지 상태를 유지하고 있다. 이 전자에 외부에서 모종의 에너지에 의한 자극이 가해지면 전자 에너지 상태가 높아지지만, 전자는 즉시 안정된 상태로 되돌아간다. 즉, 에너지를 흡수함으로써 들뜬상태(excited state)가 안정된 바닥상태(ground state)로 돌아간다.

전자 에너지 상태가 높은 곳에서 낮은 곳으로 될 때, 이 차이에 상당하는 에너지가 빛으로 방출된다. 이러한 발광 원리를 루미네선스(luminescence)라고 하며, 보통 발광의 원인이 되는 에너지원을 앞머리에 붙여 사용한다. 몇 가지 예를 들면 형광등은 전기에너지를 사용하므로 전기 루미네선스, 반딧불이의 발광처럼 화학반응으로 인한 경우인 화학 루미네선스 그리고 광 루미네선스 등이 있다.

또 형광 도료(螢光 塗料)의 경우는 자극원으로 빛을 사용한다. 물체가 계속 빛을 내는 것은 이의 전자 상태의 변화가 쉴 새 없이 반복되고 있기 때문이다. 따라서 자극이 없어지면 빛도 발생하지 않는다.

그러나 특수한 예로 인광(흡수한 빛을 저장하여 적은 양의 빛으로 천천히 방출하는 현상)이 있다. 인광은 전자가 안정된 에너지 상태로 돌아가는 시간이 다소 길기 때문에 천천히 약한 빛을 낸다. 야광 도료가 이 예에 해당하며 '빛에너지를 축적한다'는 의미에서 축광(蓄光)이라고도 불린다.

이처럼 물체의 발광이 가지는 공통점은 전자가 가진 에너지 양의 변화이다. 즉, 빛은 전자가 가진 에너지의 형태가 모습을 바꾼 것이라고 해도 될 것이다.

지금까지는 빛의 방출과 관련한 메커니즘에 대해 관찰하였다. 이제는 빛의 밝기를 표현하는 용어에 대해 살펴볼 것이다. 우리는 빛의 강약을 자신이 느끼는 밝기로 표현한다. 그렇다면 TV화면 등의 밝기는 어떻게 표현할까?

우선 빛의 밝기를 표현하는 방법부터 살펴보자. 빛의 밝기를 수치로 표현하는 방법에는 크게 두 가지가 있다. 하나는 빛을 조도(照度), 광도, 휘도(輝度, brightness: 일정한 넓이를 가진 광원 또는 빛의 반사체 표면의 밝기를 나타내는 양) 그리고 광속(光束: 빛다발) 등의 양으로 다루는 방법이다.

일상생활에서는 밝기의 정도를 대개 조도로 표현하지만, TV화면 등의 밝기를 설명할 때는 광도와 휘도를 사용한다. 이들 세 가지를 일원화한 것이 광속이다. 빛이 한올 한올 합쳐진 하나의 다발이라면, 그 빛다발이 공간에 방출되는 정도는 '광도', 단위 면적당 광도의 정도는 '휘도'(=광도/면적), 그리고 단위 시간에 단위 면적이 받는 빛의 양의 정도는 '조도'의 식으로 이 개념들은 상호 연관되어 있다.

빛의 밝기를 표현하는 방법 중 다른 하나는 빛을 에너지로 다루는 것이다. 예를 들면 지표 가까이의 태양광 에너지는 약 $20kcal/m^2$(=약 $84kJ/m^2$, $1cal=4.184J$)라는 식으로 표현할 수 있다. 그러나 백열등이나 형광등에 있는 30W 또는 60W 등의 표시는 소비전력량의 값이지 방출되는 에너지의 값이 아니므로 주의가 필요하다.

한편 파란빛이나 빨간빛, 그리고 자외선처럼 눈에 보이지 않는 빛 등 우리 주변에는 다양한 빛이 있다. 이들을 표현하는 방법은 무엇일까?

파장이란 파도(pulse) 하나의 길이에 해당한다. 실제 파도는 연속적으로 일어나므로 파장은 1주기분의 파도의 길이를 말하는 것이다. 이 파장의 길고 짧음이 우리가 느끼는 빛의 색이 된다. 또한 아마도 독자들이 한 번쯤은 접해보았을 주파수(진동수)라는 용어는 파도가 1초 내에 반복되어 발생하는 횟수, 즉 1초 내에 진동하는 횟수를 의미한다.

파장이 짧은 빛은 진동수가 크므로 그만큼 높은 에너지를 가지게 된다. 그리고 같은 색의 빛이라도 진폭이 크면 빛은 강하게, 즉 밝게 된다. 빛의 파도가 여러 개 모여 커다란 빛다발을 이루면 강한 빛이 된다. 그러므로 '강한 빛'이란 '진폭이 큰 빛'이라고 표현할 수 있다.

여기서 빛이 자랑하는 다양한 모습들 중 몇 가지를 일별(一瞥)하는 것도 상당한 의미를 지닐 것이다. 우리의 일상생활에서 빛은 여러 각도에서 자신을 표현하고 있다. 그러나 이런 현상을 우리는 의식하지 못하고 그냥 바라볼 뿐이다. 이것이 현대를 살아가는 올바른 태도는 아닐 것이다. 현상을 단순히 바라보는 것보다는 그것을 관찰·음미하는 것이 꼭 필요하다.

밤중에 전철 안에서 창문을 보면 자신의 모습이 비쳐 보인다. 창문은 어떻게 해서 모습을 비출 수 있는 걸까? 이는 빛의 '반사' 현상 덕분이다. 전철에 타고 있는 사람이 조명기구에서 나오는 빛을 반사하고 있으므로 자신의 모습이 창문에 비치는 것이다.

그릇에 물을 따르고 그 안에 젓가락을 똑바로 세우면 젓가락이 짧게 보인다. 이는 빛이 공기와 물의 경계면에서 휘는 '굴절'이라는 현상 때문이다. 물웅덩이의 바닥이 보인다고 얕은 곳으로 생각하고 함부로 뛰어들었다가 예상 밖의 깊은 수심에 당황한 적이 있을 것이다. 이것 역시 빛의 굴절로 인하여 실제 수심보다 얕게 보이는 데 그 원인이 있다.

절벽 같은 곳에서 낚시를 하는 사람들은 대개 선글라스를 착용한다. 그런데 이들이 착용한 선글라스는 색채가 풍부한 것이 아니고 새카만 상태이다. 이것은 특정한 한 방향에서 오는 빛만 통과시키는 것으로 편광판(偏光板)이라 불리는 특수한 유리를 사용한 편광 선글라스라는 것이다. 이것을 사용하면 수면에서 반사되는 눈부신 빛은 사라지고 물 속에서 오는 빛만 통과시키므로 물 속의 상황이 잘 보인다. 편광 선글라스를 통과한 빛은 특정한 한 방향으로만 치우쳐서 진동하므로 '편광(偏光)'이라 불린다. 편광에 대해 조금 더 첨언하면, 보통의 빛을 선글라스와 같은 편광 필터에 통과시킴으로써 얻을 수 있는 평면편광(plane-polarized light)은 광파(light wave)의 전기장 진동(electric vibration)이 한 평면에 국한되어 일어나는 경우이다.

편광 선글라스에서 렌즈를 떼어내어 두 겹으로 겹친 후에 한 쪽 렌즈를 천천히 360° 회전시킨다. 그러면 렌즈 건너편이 딱 두 번만 제대로 보인다. 이번에는 편광 선글라스의 두 개의 렌즈 사이에 더운 물을 채운 유리잔을 배치하고 한 쪽 렌즈를 회전시켜서 렌즈 건너편이 보이지 않도록 조절해보자. 유리잔의 온수에 설탕 또는 단백질 등을 조금씩 넣어가면서 녹이면 렌즈 건너편이 서서히 밝아진다. 이는 설탕물 혹은 단백질 용액이 빛의 진동 방향을 선회(旋回)시켰기 때문이다. 이처럼 빛의 진동 방향을 선회시키는 현상을 '선광(旋光)'이라고 한다.

다양한 색을 연출하는 명감독

빛과 색의 삼원색(三原色)에 내포되어 있는 비밀을 파헤쳐보는 것은 여러 측면에서 상당한 의미를 지닐 것이다. 빛의 삼원색은 빨강(red)·파랑(blue)·녹색(green)이고, 색의 삼원색은 사이안(Cyan: 그리스어의 kyanos(어둠, 검정)에서 유래된 말로 약간의 초록 기미를 띤 새뜻한 파랑색(vivid greenish blue)임), 마젠타(Magenta: 이탈리아 북부도시의 이름에서 유래된 이름으로 새뜻한 자주색(vivid red purple)임), 그리고 노랑이다. 이 세 가지 색을 섞으면 거의 모든 색을 만들 수 있기 때문에 삼원색이라고 한다.

뉴턴이 1668년에 실시한 프리즘 실험에서 백색광에 여러 종류의 단색광을 섞거나 단색광끼리 섞으면 특정한 색을 만들 수 있음이 밝혀지자 혼색하여 다른 색을 만들 수 있는 '근본색'에 관심이 쏠렸다. 이 근본색의 규명에 열쇠가 된 것은 "인간이 어떤 원리로 색을 느끼는가?"하는 것이었다.

1801년에 영국의 과학자 토머스 영(Thomas Young)은 그림 물감을 섞던 중에 암시를 얻어 '시신경에는 빨강·파랑·녹색의 삼색을 느끼는 신경이 있고, 모든 색은 이 세 가지 신경의 자극의 비율을 통하여 지각된다'는 삼색설을 제창했다. 그런데 이 삼색설은 색광의 혼합이지 물감과 같은 색의 혼합은 아니었기 때문에 인정을 받지 못했다. 당시 물감 등의 색 혼합은 쉽게 재현할 수 있었지만 색광 혼합 실험은 난해하여 다양한 자료를 수집하는 것이 어려웠기 때문이다.

삼색설이 증명된 것은 반세기 이상 경과한 뒤였다. 1860년에 맥스웰(Maxwell)은 토머스 영의 삼색 필터로 슬라이드 영사를 한 다음에 삼색 빛의 혼합으로 '다양한 색을 만들 수 있다'는 것을 실증했다. 1868년에는 헬름홀츠(Helmholtz)가 영의 삼색설을 시세포와 관련지어 생리학적이고도 정량적으로 해명했다. 이것을 영-헬름홀츠의 삼색설이라 한다. 이로써 빨강·파랑·녹색이 빛의 삼원색이라는 사실이 규명되었다. 빛의 삼원색의 대표적인 응용사례는 컬러TV로, 이것은 빛의 삼원색을 구사(驅使)하여 수많은 아름다운 색을 생산·과시한다.

한편 물감 등과 관련한 색의 재현에 대해서는 예로부터 인식하고 있었다. 즉, 적당한 색 세 가지를 혼합하면 어떤 색이라도 표현 가능함이 알려져 있었다. 이 경험을 바탕으로 빨강·노랑·파랑을 기본적인 삼색으로 하여 색 표현이 체계화되어 왔지만, 이것을 이용해서 실제로 색을 재현하는 것은 용이하지 않았다.

그 뒤 1868년에 한 연구가가 사이안·마젠타·노랑의 삼색 물감으로 색을 재현하는 데 성공함으로써 이 삼색은 색의 삼원색이 되었다. 이의 대표적인 응용사례는 컬러잉크젯프린터를 비롯한 컬러인쇄에서 찾아볼 수 있다. 컬러인쇄에서는 색의 삼원색을 사용하여 많은 색을 멋지게 만들 수 있다.

여기서 빛과 색의 삼원색을 재차 음미해보면, 빛의 삼원색이 겹쳐진 부분에는 사이안, 마젠타, 노랑이 표현되어 있고 색의 삼원색이 중첩된 부분에는 빛의 삼원색이 자리하고 있음을 알 수 있을 것이다. 빨강과 사이안, 녹색과 마젠타, 파랑과 노랑은 보색 관계에 있으며, 섞으면 빛에서는 흰색이 되고 물감에서는 회색이 된다. 삼원색으로 색을 재현할 수 있는 이러한 방식을 터득함으로써 색을 다스리는 명감독(名監督)의 위치를 누려보는 것도 삶의 윤활제가 될 것이다.

태양에서 쏟아지는 백색광에는 많은 단색광이 포함되어 있는데, 어떤 두 가지 단색광을 섞으면 그들이 포함된 빛이 된다. 예를 들면 빨강과 녹색의 단색광을 혼합하면 노랑 단색광이 포함되어 있지 않아도 노란색으로 보이는 빛이 된다. 마찬가지로 여러 가지 단색광을 섞어나가면 빛의 양과 파장의 종류가 늘어나 빛은 점차 밝아져서 결국에는 백색광이 된다.

이렇게 빛을 '덧셈'하여 색을 만드는 것을 가법혼색(加法混

色)이라 한다. 빛의 삼원색을 가법혼색의 삼원색이라고도 하며, 빨강·파랑·녹색의 빛의 삼원색을 임의의 비율로 혼합하면 거의 모든 색을 생성시킬 수 있다. 가법혼색에는 칵테일 조명처럼 서로 다른 색광을 더해서 빛을 만드는 동시(同時)가법혼색, 색분된 원반을 회전시켰을 때처럼 눈으로 들어오는 색광을 빠르게 바꾸어 색을 만드는 경시(經時)가법혼색, 그리고 컬러TV화상에서 아주 작은 색점을 모자이크처럼 빈틈없이 깔아서 색을 만드는 병치(竝置)가법혼색 등이 있다.

여기서 물감 등의 혼합에 대해서도 고려·음미해야 할 것이 있다. 여러 가지 색의 물감을 섞을수록 거무튀튀해지는 것은 물감이 빛을 흡수하기 때문이다. 이미 우리는 서로 다른 물감을 섞어서 새로운 색을 만들 수 있다는 것을 알고 있다. 이는 흡수되는 빛이 증가하고, 물감에서 반사되어 우리 눈에 도달하는 빛의 양과 파장의 종류가 줄어들기 때문이다.

이렇게 빛의 '뺄셈'으로 색을 만드는 것을 감법혼색이라고 한다. 사이안·마젠타·노랑의 삼색으로 거의 모든 색을 만들수 있는데, 색의 삼원색은 가법혼색의 빛의 삼원색을 흡수하는 보색에 해당하므로 '감법혼색의 삼원색'이라고도 한다.

빛의 삼원색을 같은 비율로 섞으면 흰색의 빛이 되는데, 이 백색광은 삼색으로 만들어져 있으므로 태양 등의 백색광하고는 빛의 성분이 다르다. 또한 특정한 두 가지의 단색광을 섞으면 백색광이 되는데, 이러한 색의 조합을 보색이라고 한다. 한편 색의 삼원색을 균등하게 섞으면 검은색이 되는데, 검은색

광원이 물체에 입사하면 물체는 그 빛 중 일부는 흡수하고
일부는 반사한다. 관찰자는 반사된 빛의 파장에 따라 색을
인지하게 된다.

물감은 모든 빛을 흡수(뺄셈)하므로 검게 보이는 것이다.

　우리가 눈으로 보고 있는 물체의 색은 태양 등의 광원에서
물체에 다다른 빛 가운데 물체가 흡수하지 않고 반사한 빛의
색이다. 예를 들어 빨간 물감이 빨갛게 보이는 까닭은, 물감이
백색광 가운데 빨강의 보색인 사이안 빛은 흡수하고 사이안의
빛을 제외한 나머지 빛은 반사하기 때문이다. 이때 반사된 빛
이 우리에게 빨갛게 보이는 것이지, 물감이 빨간색 단색광을
반사하고 있는 것은 아니다. 빨간 물감에 사이안 빛을 비추면
검게 보이는 것이 그 증거이다. 그리고 물감의 한 색과 그 보
색을 섞으면 회색이 된다.

　색의 덧셈은 우리 눈에 닿는 빛의 색과 관계가 있으며, 색
의 뺄셈은 물체의 색, 물체를 비추는 빛, 그리고 물체에서 반
사되어 우리 눈에 도달하는 빛의 색과 관계가 있다. 삼색으로
다양한 색을 '생성(生成)시킨다'고 묘사하기보다는 우리가 눈
으로 보고 있는 색을 '재현할 수 있다'고 하는 것이 보다 정확

한 표현일 것이다.

이제 다른 각도에서 물체의 표면이나 빛의 색을 '색', 우리가 느끼는 색을 '색깔'이라고 구별한 후에 색의 식별과 연관하여 살펴보기로 한다. 추상체(錐狀體)와 관련하여 색의 조화에 대해 조금 더 심도 있게 알아보면 여러 측면에서 도움이 될 것이다.

어떤 파장의 빛을 흡수·반사하는가에 따라 물체의 색이, 어떤 스펙트럼을 가지고 있는지에 따라 빛의 색이 결정된다. 그리고 인간은 그것을 시각계(視覺界) 전체로 느낀다.

색각에서 중요한 역할을 담당하는 세 가지 추상체는 빛 스펙트럼의 넓은 폭 전체의 빛 에너지를 종합적으로 감지한다. 예를 들어 청추체라면 450nm(청자색)의 빛만을 포착하는 것이 아니고, 그것을 정점으로 한 400~500nm의 넓은 범위의 빛을 감지한다. 마찬가지로 녹추체는 530nm(녹색)를 정점으로 한 500~600nm, 적추체는 560nm(연녹색)를 정점으로 한 550~650nm의 빛을 감지한다. 이런 구조적 각도에서 570nm의 뾰족한 정점을 가진 빛이나 550nm, 650nm의 두 개의 정점을 가진 빛 양쪽에 대해 각각의 추상체가 받는 자극의 비율이 같으면 우리는 이 두 가지 색을 구별하지 못하며 동일한 색깔로밖에 느끼지 못 한다. 이 경우에는 모두 노란색이다.

이처럼 눈은 어떤 파장의 빛이 얼마나 포함되어 있는지를 직접 측정하는 것, 즉 분광을 측정하는 분광광도계가 아니므로 세 가지 추상체에 독립적으로 자극을 줄 수 있는 빛을 선택하면 색깔을 재현할 수 있을 것이다.

그러나 그 빛의 색이 사람이 가진 세 가지 추상체 감도의 정점과 일치하는 것일 필요는 없다. 또 어떤 특정한 파장이 아니면 안 되는 것도 아니다. 다만 시행착오 끝에 선택된 최선의 조합이 빛의 삼원색이라 불리는 빨강·파랑·녹색이며, 물감의 색의 삼원색, 즉 빨강 이외의 빛을 흡수하는 마젠타, 파랑 이외의 빛을 흡수하는 사이안, 노랑 이외의 빛을 흡수하는 노랑인 것이다.

이들 삼색은 어디까지나 사람의 눈에 맞춘 조합에 불과하므로 본래의 색을 정확하게 재현하는 것은 아니며, 어디까지나 사람이 느끼는 색깔을 재현하는 데 지나지 않는다. 그러므로 추상체의 구성이 다른 동물, 예를 들어 강아지는 컬러TV를 우리와는 다른 색깔로 보고 있는 셈이다. 또한 배추흰나비는 먹이인 유채과 식물과 그렇지 않은 식물을 멀리서도 분간할 줄 알지만, 이 세 가지 빛이나 물감으로 그 색의 차이가 구별되도록 재현할 수는 없다. 물론 모든 색을 제한된 물감이나 빛으로 표현할 수는 없지만, 이렇게 세 가지 색만 있으면 사람의 눈이 느끼는 색깔을 만들어낼 수 있다. 만일 아직도 색과 빛의 세계에 거리감을 느끼거나 흥미가 유발되지 않는다면 '각기 다른 맛과 빛의 칵테일'을 상상하면 어떨까? 이 상상의 날개가 빛과 색깔의 현실세계에 안착(安着)하게 되면 생활이 더욱 윤택해질 것이다.

시세포와 청록색 수술복에 숨어 있는 비밀

    시력이 좋은 사람이라도 100m 앞에서 달리는 자동차의 번호판을 읽는 것은 불가능할 것이다. 그런데 동물 중에는 무려 800m 앞을 날고 있는 작은 잠자리까지도 쉽게 볼 수 있는 참으로 놀라운 시력의 소유자가 있다. 마치 망원경 같은 눈을 가진 그 동물의 정체는 무엇일까?

    이런 고차원적인 눈을 가진 매는 최정상급의 시력을 가지고 있다. 그들은 먼 상공이나 높은 나무 꼭대기에서 저 아래쪽을 날고 있는 비둘기, 혹은 덤불에 숨어 있는 토끼나 쥐 같은 작은 동물을 찾아내어 잡아먹는다. 매가 타고나는 그 뛰어난 시력은 살아가는 데 없어서는 안 되는 조건 가운데 하나이다.

    매의 눈은 렌즈가 얇고 망막까지의 거리인 '안축(眼軸)'이

길다', 즉 '안구가 깊다'는 특징이 있다. 얇은 렌즈는 초점거리가 길기 때문에 먼 곳을 보는 데 적합하다. 또한 안축을 길게 함으로써 망막에 투여되는 상을 크게 확대할 수 있다. 이것은 영화나 슬라이드를 영사할 때 영사기(렌즈)에서 스크린(망막)까지의 거리(안축)가 멀수록 투영되는 영상이 커지는 것과 같은 원리이다.

매의 눈에는 또 한 가지 주목할 만한 특징이 있다. 망막에서 차지하는 중심와(中心窩: 망막에서 가장 감도가 높은 부분)의 비율이 사람보다 훨씬 크고, 사람은 중심와가 좌우에 하나씩 있는 반면 매의 경우에는 좌우 눈에 각각 두 개씩 있다. 때문에 매는 전방은 물론 좌우, 측면 세 방향을 동시에 똑똑히 볼 수 있다. 게다가 높은 위치에서 지상에 있는 사냥감을 잘 볼 수 있도록 중심와가 안구 위쪽으로 쏠려 있는 반면, 사람은 렌즈 바로 뒤에 중심와가 있다.

이러한 구조 덕분에 매는 상공을 선회하면서도 먼 곳에 있는 작은 사냥감을 금방 찾아낼 수 있는 것이다. 이와 같이 시력과 관련하여 최첨단 장치를 장착하고 있는 동물과 사람들은 색을 어떻게 수용·음미할까? 사람의 망막에 존재하는 간상체(桿狀體)와 추상체라는 두 종류의 시세포(視細胞)를 중심으로 색의 판단에 대해 살펴보자.

간상체는 감도는 매우 뛰어나지만 색을 식별하지 못한다. 색과 움직임을 감지하는 것은 추상체이다. 망막에 도달한 빛의 스펙트럼을 세 종의 추상체로 감지하고, 그 정보를 바탕으로 시세포에서 망막 및 시신경을 거쳐 뇌에 이르는 시각계 전체로 색을 판단하는 것이다.

물론 우리 눈의 세 종의 추상체는 어떤 지점에 도달한 빛의 스펙트럼의 차이에 따라 각각 다른 자극을 받는데, 그것만으로 색을 정하는 것은 아니다. 그 지점과 주위의 빛 정보를 바탕으로 하여 그 지점에 대해 흰색을 가정하고, 그 값으로부터 그 지점의 본래 색을 판단한다. 이를 순간적으로 수행하여 시야에 들어온 모든 색을 최종적으로 결정하는 것이다. 그러므로 빛의 삼원색을 보여주는 낮익은 실험에서는 삼색의 빛 밸런스를 바꾸어도 한가운데의 겹쳐지는 부분은 흰색이 된다.

태양의 노란빛, 하늘의 파란빛, 실내 전구의 주황빛 등 우리는 늘 색깔이 있는 빛으로 사물을 보지만 창가, 뜰, 베란다, 그리고 실내 등 어디에서나 화분과 정원수의 잎은 항상 녹색이라는 것을 특별한 노력 없이도 쉽게 알 수 있다. 그러나 같은 풍경을 카메라로 촬영하면 그런 색들이 어떻게 찍히는지는 경험으로 잘 알고 있을 것이다.

물론 하나의 시야 속에 서로 다른 광원에서 빛을 받는 물체가 있어도 눈은 거기에서 반사되어 눈으로 들어오는 빛의 색에 현혹되지 않고, 그것이 애초에 무슨 색을 지니고 있는지를 참으로 교묘하게 결정할 수 있는 능력이 있다. 이런 오묘한 원리와 질서를 음미하면 경이로움이 느껴진다.

여기서 추상체 조직 등의 상호작용과 관련하여 수술 시에 의료 종사자들이 대체로 청록색 가운을 입는 이유, 즉 색과 연관하여 이 이면에 내포되어 있는 이유를 더듬어보는 것도 재미있을 것이다.

의사라고 하면 떠오르는 다양한 이미지 중 한 가지 공통된 상(像)이 흰 가운을 입고 있는 모습일 것이다. 그러나 수술실에서 의사들은 흰 가운을 입지 않고 옅은 청록색 수술복을 입는다. 뿐만 아니라 수술실에 있는 침대 덮개 등도 수술복과 같은 색으로 통일되어 있다. 만일 이것이 수술 환자의 심리를 최대한 안정시키기 위한 이유에서라면, 혹은 수술용이므로 너무 튀지 않게 하기 위해서라면 옅은 분홍색 등 다른 색도 어울릴 것이다.

사실 이 옅은 청록색 수술복을 입는 데는 색과 관련된 과학적인 이유가 있다. 수술을 한다는 것은 신체의 어딘가에 칼을 대는 것이므로 필시 피를 보게 된다. 따라서 수술을 하는 의사, 특히 집도의(執刀醫)라 불리는 수술 담당 의사의 시야는 오랜 시간 동안 피의 빨간색으로 가득 차게 된다.

그런데 사람의 눈은 시세포에 있는 청추제, 녹추체, 적추체라 불리는 세 가지 조직의 제휴작용을 통하여 색을 본다. 이 제휴작용에도 약간의 곤란한 점이 있다. 예를 들어 장시간 빨간색만 보고 있으면 적추체가 피로해져서 빨간색에 둔감해진다. 반면에 나머지 청추제와 녹추체는 여전히 활력이 있으므로 색을 느끼는 조직 간의 균형이 무너져버린다. 그 결과로 하얀 벽을 보아도 옅은 청록색으로 보이는 잔상현상(殘像現像)을 겪게 된다. 예를 들면 빨간 네온사인을 한참 동안 쳐다보다가 하얀 벽을 보면 옅은 청록색으로 보인다. 시선을 다른 곳으로 돌리거나 눈을 깜빡여도 역시 옅은 청록색이 보인다. 잠시지나면 하얀 벽은 제대로 하얗게 보이게 되지만 여전히 얼룩같은 것이 보인다.

의사는 다소 훈련이 되어 있음에도 불구하고 수술 중에 빨간색의 피를 장시간 응시하면 잔상현상이 일어나서, 하얀 붕대를 봐도 옅은 청록색이 보인다. 가령 의사가 흰 가운을 입고 수술에 임하면, 수술 도중에 자기 소매를 봐도 옅은 청록색이 보이니 정작 중요한 수술에 전념하지 못하게 된다. 그래서 잔상으로 생기는 청록색과 같은 색깔의 수술복을 입는 것이다. 그러면 장시간 수술을 해도 의사는 잔상을 느끼지 않게 된다.

그런데 인간은 계산 또는 언어 능력에서는 진화의 꼭대기에 서있는 동물이라 생각할 수 있지만, 다른 기능에서는 그다지 뛰어나지 못한 경우도 많다. 예를 들면 냄새를 맡는 능력, 즉 후각은 대부분의 동물에 비해 뒤떨어진다. 개의 경우에는 인간과 비교할 수 없을 정도로 후각이 발달되어 있고, 시력만해도 인간은 독수리나 매를 당해낼 수가 없다. 또한 인간은 색을 식별하는 능력도 그다지 뛰어나지 못하다.

대부분의 새나 물고기는 눈 속에 색을 감지하는 세포, 즉추상체를 네 종이나 가지고 있지만 사람은 추상체가 세 종밖에 없다. 물론 추상체 종류가 아무리 많아도 그것에서 보내오는 색 정보를 정확하게 처리할 수 있는 구조가 눈이나 뇌 속에 존재하지 않으면 아무런 의미가 없을 것이다.

이것을 확인하기 위해 여러 동물을 이용하여 심리학적인 실험 – 색과 먹이의 대응관계를 기억시킨 뒤, 기억된 색이 아닌 다른 색을 보여주었을 때 과연 반응을 하느냐의 여부를 알아보는 실험 – 을 수행한 결과에 의하면 추상체의 종류가 많을수록 색각 능력이 뛰어남을 알게 되었다. 그렇다면 사람 이외의 동물들은 어떤 풍경을 보고 있는 것일까?

새의 경우는 우선 사람이 거의 볼 수 없는 자외선이나 적외선의 일부를 볼 수 있다. 또 빛의 파장을 식별하는 능력이 세포 차원에서는 사람의 추상체보다 뛰어나기 때문에 매우 선명한 색의 세계를 보고 있을 것이다. 이것은 아쉽게도 사람의 눈으로는 볼 수 없는 세계이므로 우리는 '선명하겠지……'하는 애매한 상상밖에 하지 못한다. 아마도 새들은 푸른빛의 빨강이니 보라빛의 노랑 등과 같은, 사람은 식별할 수도 없는 색을 선명하게 감지하고 있을 것이다. 즉, 우리는 이들이 감지할 수 있는 미묘한 세계에 접근할 수가 없다.

그러면 사람과 같은 포유류인 개나 고양이의 시각은 어떨까? 사람과 달리 개나 고양이는 추상체가 두 종밖에 없다. 따라서 사람과 비교하면 색을 식별하는 능력이 떨어지지만 그들이 전혀 색이 없는 세계에서 사는 것은 아니며, 대부분의 색을 식별할 수 있다.

개나 고양이뿐만 아니라 사람과 일부 원숭이를 제외한 포유류는 추상체가 두 종밖에 없는데, 이는 포유류의 선조가 야행성 동물이었던 것의 흔적이라고 생각된다. 지구를 공룡이

휩쓸고 다닐 무렵에 약소한 존재였던 포유류의 선조는 육식 공룡을 피해서 야간에 활동하였고, 어두운 곳에서는 색을 식별할 수가 없으므로 진화 과정에서 색각 능력이 퇴화된 것이다. 이후 주행성 원숭이가 탄생할 즈음에 세 번째의 추상체를 다시 얻게 되었고, 그 덕분에 우리는 선명하고 화려한 가을의 단풍을 바라보면서 컬러의 세계를 확장하고 있는 것이다.

여기서 1997년 12월 16일에 일본에서 발생한 광과민성(光過敏性) 발작에 관해 살펴보는 것도 생활에 도움이 될 것이다. 이 사건은 TV만화영화「포켓 몬스터 *Pocket Monster*」를 보던 일본의 많은 어린이들이 일제히 경련을 일으키거나 실신을 하여 일본이 발칵 뒤집힌 사건이다. 이때 놀라운 것은 '시청하던 어린이의 무려 10% 이상에게서 이러한 이상증상이 일어나고, 전국적으로 778명이 병원을 찾았다'는 것이다.

이 가운데 90% 이상은 광과민성 발작이었다. 평소 생활할 때는 광과민으로 인한 문제가 전혀 없던 아이들이 마치 이 영화의 마력에 홀리기라도 한 것처럼 유독 이 때에만 발작을 일으킨 것은 무슨 까닭일까?

이 만화영화에는 색의 대비(對比, contrast)가 강한 파란색과 빨간색의 화면이 1초에 약 12회의 속도로 번갈아 반전(反轉)하는 장면이 있었다. 이런 장면이 4초간 계속되자 많은 아이들이 발작을 일으킨 것이다. 특히 약 650nm 파장의 빨간빛이 급하게 반복되는 장면이 TV화면에 신경을 집중하고 있던 아이들의 뇌에 이상 뇌파를 불러일으킨 것 같다.

광과민성 발작은 빠르게 점멸하는 빛이 망막에 들어와 시신경을 거쳐 대뇌에 도달하면 뇌파에 이상한 방전현상이 나타나면서 발생한다. 평소 건강한 사람 중에서도 약 10% 정도는 신경세포가 빛에 과민 반응하기 쉬운 체질을 가지고 있다. 특히 12~14세를 중심으로 여자에게 조금 더 많고, 유전적인 영향도 있는 것으로 인식되고 있다. 다만 빛에 과민 반응을 일으키더라도 실제로 발작을 수반할 정도로 심각한 사람은 전체의 3% 정도이다.

이와 같은 증상도 개인차가 크고, 가로수 길을 자동차로 달릴 때에 나뭇잎 사이로 어른어른 새어드는 햇살, 또는 수면이나 눈에 반사하는 반짝반짝 흔들리는 태양광 등에 이상증상을 일으키는 사람도 있다. 줄무늬 또는 물방울무늬 같은 기하학 도형에 특히 과민한 사람도 있다. 이런 현상은 빛의 강도 혹은 대비가 강할수록, 광원에 가까울수록, 자극이 시야에 넓게 들어올수록, 광원이 주위 조명에 비해 밝을수록, 그리고 수면이 부족하거나 피곤할수록 더 쉽게 나타난다.

이렇게 한바탕 소란을 치른 뒤 반전 화상은 1초간 3회까지 제한되었고, 또 만화영화가 시작되기 전에 미리 "밝은 공간에서 화면에 거리를 두고 시청해주십시오"라는 안내 문자가 등장했다.

TV시청 중 눈이 따끔거리거나 경련이 일어날 때, 그 밖에 평소 생활할 때 광자극으로 인한 발작을 경험한 사람은 내과 혹은 신경 전문의를 찾아가 상담해 볼 필요가 있다. 뇌파검사로 광과민성 여부를 진단할 수 있으며, 때로는 이에 대해 치료가 필요할 수도 있다.

일상생활에서 광과민성 발작으로 경련 등이 일어난 경우는 허리띠와 단추 등을 풀어서 옷을 넉넉하게 한 후에 모로 누운 자세로 쉬게 하고, 구토를 하면 입안을 닦아주고 호흡을 관찰한 다음에 병원을 찾는 것이 필요하다. TV는 밝은 공간에서 2m 이상 떨어져서 시청하고, 어지럽게 번쩍이는 장면이 나올 때는 눈을 잠깐 가리는 것이 좋을 것이다. 아무튼 이상증상이 느껴지면 TV에서 눈을 돌리는 것이 광과민성이 있는 사람이건 그렇지 않은 사람이건 TV를 볼 때 유의해야 할 사항이다.

이런 측면에서 빛과 색에 대한 원리를 익히는 것은 윤택한 생활과 건강을 유지하는 데 도움이 될 뿐만 아니라 산업 발전의 촉매 역할도 할 것이다.

빛의 조화에 의한 마술 감상법

이 장에서는 불꽃놀이 문화와 관련하여 알칼리 금속과 그들의 다양한 불꽃 색깔이 나타나는 기본 원리를 정리한 후 반딧불이, 해파리, 그리고 세균 등이 선사하는 빛에 대해 살펴보도록 한다. 또한 녹색 형광단백질의 응용분야와 반딧불이의 형광을 이용한 세균수 측정법 등에 관하여 기술할 것이다.

밤하늘을 수놓는 불꽃놀이의 매력이라면 역시 둥글게 퍼지는 모양, 아름다운 색채의 조화, 그리고 어린 시절의 다양한 추억들을 더듬게 하는 유쾌한 폭발음일 것이다. 불꽃놀이의 발상지는 중국으로 9세기경 흑색 화약이 발명되어 무기에 사용되었는데, 축제와 같은 행사장에서도 그 폭발음을 즐긴 것으로 알려져 있다. 그 후 소리에 그치지 않고 빛과 색 등이 더

해진 다양한 불꽃이 개발되어 전 세계에서 즐기는 놀이 문화가 탄생되었다.

불꽃은 쏘아 올리기 위한 화약, 특정 색깔의 빛을 내는 착색료, 그리고 산소를 공급하는 산화제 등의 화합물로 탄생된다. 화약은 쏘아 올리는 추진력과 함께 빛을 내는 에너지원이 되기도 한다. 화약에 의해 착색료와 산화제가 연소하면 그때 분해 혹은 생성된 불안정한 화합물에서 특정 파장의 가시광선이 나온다.

밤하늘을 수놓는 불꽃은 어떻게 해서 그렇게 많은 색을 발하는지 더듬어 보는 것도 재미있을 것이다. 그래서 먼저 몇 가지 예를 살펴본 후 이와 관련된 기본적인 원리에 대해 다소 심도 있게 고찰할 것이다.

반짝반짝 빛나는 은백색은 알루미늄(Al) 또는 마그네슘(Mg) 같은 금속 미세분말과 산화제(예: 과염소산 칼륨($KClO_4$)) 등을 섞은 것에서 나온다. 화약으로 금속 미세 분말과 산화제를 연소시키면 약 3,000℃의 고온에서 금속 분말이 분해되어 다양한 파장의 빛이 섞인 백색광을 낸다. 이와 유사하게 녹색은 바륨(Ba) 화합물, 파란색은 구리(Cu) 화합물을 사용하여 얻는다.

불꽃놀이에서 색을 발하는 알칼리 금속 및 그들의 불꽃 색깔과 관련하여 몇 가지를 일목요연하게 표로 정리하면 다음과 같다. 이들 외에도 다양한 금속들에 대해 조사·분석하면 흥미로울 것이다.

만일 캠프파이어를 할 기회가 생겨 소금(염화나트륨($NaCl$))

금 속(metals)	색 깔(color)
리튬(Li)	심홍색(crimson)
나트륨(Na)	노랑색(yellow)
칼륨(K)	연보라색(lilac)
루비듐(Rb)	적자색(red-violet)
세슘(Cs)	파란색(blue)

알칼리 금속과 그들의 불꽃 색깔(flame color)

을 불 위에 뿌려보면, 나트륨이 만들어내는 밝은 노랑색 불꽃을 볼 수 있을 것이다. 나트륨이 들어 있지 않은 식사를 하는 사람들을 위해 만들어진 조미료에는 염화나트륨 대신 염화칼륨(KCl)이 들어 있는데, 이것을 불 속에 뿌리면 칼륨만이 낼 수 있는 붉은 자주색 불꽃이 생긴다. 항 우울증 치료를 받는 중이라면 그 치료약을 불꽃 속에 넣을 때, 약에 함유되어 있는 리튬 성분이 아름다운 빨간색 불꽃을 만들어내는 것을 볼 수 있을 것이다.

물론 동일한 빨간색이라 해도 색조가 다른 것들이 많은데, 그런 색들은 화합물의 비율을 가감해서 만들 수 있다. 그 밖의 색은 삼색의 착색료의 배합 상태를 바꾸어서 만든다. 예를 들면 빨간색의 스트론튬(Sr) 화합물과 파란색의 구리 화합물을 섞어서 보라색을 만드는 식이다. 또 서로 다른 색의 착색료를 불꽃 속에 여러 층으로 놓으면 점차 색이 변해가는 불꽃이 된다. 이 외에도 다양한 새로운 색깔의 불꽃을 표현하기 위해 많은 사람들이 고군분투하고 있다.

이처럼 각 화학물질은 열을 가하면 특정한 빛을 발한다. 어떤 물질을 불 속에 넣으면 이것이 에너지를 흡수함으로써 전자전이(電子轉移)가 일어나게 된다. 즉, 전자는 높은 에너지 상태인 여기상태로 된다. 이 전자는 순간적으로 처음의 낮은 에너지 상태인 기저상태로 돌아가는데, 이때 빛의 형태로 여분의 에너지를 방출하는 것이다. 충분히 많은 수의 물질이 동시에 열에너지를 흡수한 후 이것을 빛의 형태로 방출하면 아주 밝은 빛이 될 것이다.

모든 원소 혹은 분자는 저마다 일정한 전자 에너지의 값을 가지고 있다. 그러므로 불꽃 속의 물질들은 저마다 정해진 양만큼의 에너지만을 흡수한 후에 방출한다. 환언하면, 각각의 원자나 분자는 서로 다른 파장, 즉 '서로 다른 색의 빛을 발한다'는 뜻이다. 모든 원자나 분자는 이른바 독특한 방출 스펙트럼을 갖는 것이다.

이제는 불꽃놀이와 다른 각도에서, 생물이 발하는 빛과 관련된 몇 가지를 알아보자.

여름날 저녁에 어둠이 깔리면 나타나는 반딧불이의 깜빡거리는 빛은 가히 환상적이다. 반딧불이는 특정한 색의 빛과 점멸 리듬으로 데이트 약속을 하거나 동료와 의사소통을 한다.

생물이 빛을 내는 현상을 생물 발광(bio-luminescence)이라고 한다. 빛을 내는 생물로는 반딧불이 외에도, 이를테면 녹색 빛을 내는 해파리 또는 파란색으로 빛을 과시하는 세균 등이 있다. 이들은 발광의 소재가 되는 화합물(발광 기질)과 그 발광을 조절하는 특정 효소(단백질)를 가지고 있다.

발광 기질 혹은 발광 조절 효소는 생물의 종에 따라 다르다. 반딧불이의 발광 기질을 발광소(發光素, 루시페린 luciferin)라고 하는데, 이는 샛별이라는 뜻의 Lucifer에서 유래되었다. 오징어, 해파리 등의 발광 기질은 실렌테라진(coelenterazine)이라는 화합물이다.

같은 루시페린을 사용하더라도 반딧불이의 종에 따라 조금씩 다른 색의 빛을 자랑한다. 그렇게 하지 않으면 데이트 짝이 헛갈릴 뿐만 아니라 같은 종의 동료들과 연락을 주고받을 수도 없을 것이다.

이들이 빛을 내는 구조는 아직 완벽하게 규명되지는 않았지만, 다음처럼 그 대강을 살펴볼 수 있다.

먼저 반딧불이의 경우 대부분 루시페린이 에너지원인 ATP(adenosine triphosphate) 및 효소인 루시페라아제(luciferase) 등과 반응할 때 산소와도 상호작용하여 매우 불안정한 반응 중간체가 생성된다. 이것은 불안정하기 때문에 곧 분해되어 이산화탄소와 에너지가 높은 화합물로 변화된다. 이 화합물의 여분의 에너지가 황녹색빛으로 방출되는 것이다.

해파리의 경우는 반딧불이와 조금 다른 상황에서 빛을 발한다. 해파리는 발광 기질인 실렌테라진과 산소가 함유되어 있는 에퀴린(aequorin)이라는 효소를 체내에 가지고 있다. 이 효소가 칼슘 및 실렌테라진 등과 반응하는 과정에 의해 에너지가 높은 화합물이 생성된다. 이것이 바닥상태로 될 때 여분의 에너지가 특성적인 빛, 즉 푸른빛을 발한다. 반딧불이나 해파리, 이들의 어느 쪽이든 산소 분자가 관여한 화학반응의 결과로 발생되는 에너지가 빛으로 변환된다는 원리는 같다.

이러한 발광 단백질 외에 발광 해파리 등에는 녹색 빛을 내는 녹색 형광 단백질(green fluorescent protein)이 포함되어 있다. 이것은 스스로는 빛을 내지 못하고 외부의 빛이나 에너지를 사용하여 빛을 생성한다. 녹색 형광 단백질을 의학 분야에서는 '분자 크레용(crayon)'이라 부르는데, 이것은 화분증(花粉症: 꽃가루 알레르기 증상) 등의 알레르기 또는 면역에 관한 유전자적 규명에 이용되고 있다. 그런데 이러한 녹색 형광 단백질은 해파리가 고유하게 내뿜는 청색광(blue light)을 녹색광(green light)으로 변환시키기 때문에 실제로 사람 눈으로 보게 되는 빛깔은 녹색광이다. 바꾸어 말하면 에쿼린이 빛 에너지를 받아 녹색을 발하는 것이다.

이렇게 해파리는 광합성과 마찬가지로 복수의 단백질 협조 아래 빛을 생성·과시하고 있다. 이와 같은 분석 결과를 확대하여 인류에 필요한 응용분야를 찾기 위해 즐거운 여행을 떠나보기로 한다.

이제 생물이 빛을 내는 생물 발광에 대한 기본적인 지식을 토대로 반딧불이로 세균수를 측정하는 원리와 배경에 대해 살펴보자. 항균(抗菌) 제품 등과 관련하여 이 분야는 앞으로 상당히 각광을 받을 것이다.

요즘 항균 제품에 대한 선호도가 높아지고 있다. O-157 집

단 식중독 사건이 거듭되고, 유제품의 황색 포도구균 오염 사건 등이 일어나자 사람들의 불안 심리가 유발되어 이러한 경향성이 강하게 나타나고 있는 것 같다. 이에 따라 위생관리의 중요성이 강조되는 가운데 최근 반딧불이의 형광을 이용한 세균수 측정법이 주목을 끌고 있다. 이 측정법의 직접적인 대상이 되는 것은 ATP이다.

ATP는 몸속의 물질 합성, 근육 운동 등 에너지를 필요로 하는 생명 현상이 있는 곳이라면 어디에서나 이용되는 중요한 물질이다. 세균이라도 생명 활동을 영위하려면 당연히 ATP가 필요하다. 살아 있는 세균은 거의 일정량의 ATP를 가지고 있으므로, ATP의 양을 측정하여 세균의 수를 알아내려고 하는 것은 당연한 발상이다. 아폴로(Apollo) 계획으로 달 표면의 토양을 채취하여 ATP의 존재를 조사한 것도 같은 맥락에서 출발한 것이다.

ATP 측정에는 예전부터 다양한 방법이 이용되고 있었는데, 그 중에서도 '반딧불이의 형광'을 이용한 측정법은 미량으로 측정할 수 있고, 비교적 간단한 조작으로도 수행할 수 있기 때문에 널리 보급되었다.

이 방법은 처음에는 커다란 난제에 봉착했었다. 형광을 발생하는 데 필요한 효소인 루시페라아제에 문제가 있었기 때문이다. 예전에는 미국 반딧불이에서 채취한 루시페라아제가 측정에 사용되었지만, 열에 불안정하고 품질이 불균등하며 공급량이 적은 점 등의 문제가 있어서 널리 보급되지는 못했던 것이다.

그러나 지금은 생명공학을 응용하여 열에 강한 루시페라아
제가 저렴한 가격에 대량으로 공급되고 있다. 그리고 형광 측
정기기도 개량되어 미약한 형광으로도 측정할 수 있을 만큼
감도가 좋고, 현장에서 쉽게 조작할 수 있을 만큼 소형화된 것
들이 판매되고 있다.

ATP 측정은 매우 간단하다. 식품공장 같은 곳에서 검사하
고 싶은 곳을 면봉으로 닦아 그 면봉을 용액에 담가 ATP를
녹여낸 뒤 루시페라아제 등을 함유한 발광액을 첨가한다. 그
때 발생하는 형광의 양을 보고 면봉에 묻어 있던 ATP의 양을
헤아려서, 그것을 세균수로 환산하는 것이다. 형광 측정은 약
10초 이내에 끝낼 수 있을 정도로 조작 등이 용이하다.

제조 공정에서 즉각적인 위생관리가 요구되는 시대인 만큼
신속성과 편리성, 그리고 고감도라는 장점을 갖추고 있는 반
딧불이의 형광을 이용한 세균수 측정법은 매우 매력적인 것으
로 앞으로 널리 보급될 것이다.

반딧불이와 해파리 등의 몸에서 발하는 빛과 달리 화합물
의 잔치로서 아름다운 색채 등을 뿜내는 물질의 이면에 내포
되어 있는 과학을 음미하는 것도 대단히 흥미로울 것이다.

이런 측면에서 TV에서 멋진 장면을 연출하는 색깔의 조화
를 더듬으며, 지난 2002년 월드컵 때 붉은 악마들의 몸놀림과
색깔의 화려함을 음미하면 새삼스럽게 다시금 흥분이 된다.

최근 액정을 이용한 TV가 등장하여 인기를 얻고 있지만,

대부분의 TV는 여전히 브라운관(Braun tube)을 사용한다. 브라운관 식 컬러TV 화면을 확대경으로 보면 빨강·파랑·녹색의 삼색이 빈틈없이 배열되어 있어서 출연자의 얼굴과 배경 등에 대해 확인할 수가 없다. 그런데 빨강·파랑·녹색은 빛의 삼원색이므로, 이 삼색의 밝기를 교묘하게 조절하고 섞음으로써 출연자의 얼굴과 배경 등에 다양한 색을 표현할 수 있는 것이다.

화면의 빨강·파랑·녹색 부분에는 각각 빨강·파랑·녹색으로 빛나는 형광물질이 칠해져 있다. 그리고 브라운관 제일 안쪽에 전자총이라는 장치가 있는데, 이것이 전자 빔(electron beam)을 방출하여 형광물질을 빛나게 한다.

전자 빔을 화면 왼쪽 위의 끝에서 오른쪽 아래의 끝까지 비추는 데 걸리는 시간은 불과 1/30초이며, 이 사이에 전자 빔을 강하게 혹은 약하게 하여 형광물질이 빛나는 밝기를 조절함으로써 화면에 멋진 그림을 그리고 있는 것이다. 전자 빔은 이러한 묘사를 1초 안에 30회나 반복하여 동영상을 표현한다.

그러나 하나의 전자 빔으로는 미세하게 배열된 빨강·파랑·녹색 형광물질의 밝기를 조절할 수 없다. 그래서 전자 빔을 빨강용·파랑용·녹색용으로 세 개를 마련하고, 또 화면 조금 안쪽에 수많은 작은 구멍이 뚫려 있는 '새도 마스크(shadow mask)' 또는 발 모양의 '어퍼쳐 그릴(aperture grill)'을 부착·이용한다.

그런데 TV화면은 빨강·파랑·녹색의 형광물질이 빛남에 따라 다양한 색을 표시하는 것이므로 화면에 검정색 형상이 등장하는 부분에서는 어떤 형광물질도 빛을 내지 않는다. 삼색 모두 전혀 빛을 내지 않으므로, 곧 TV 전원을 껐을 때와 마찬가지인 셈이다. 그러나 TV 전원을 끄면 화면은 검은색이라기보다는 회색으로 보일 것이다.

그럼 어떻게 이런 회색 화면에 검은색 형상을 표시할 수 있는 것일까? 실은 검은색 형상이 등장하는 부분은 그 주변이 밝기 때문에 상대적으로 우리 눈은 그곳을 검게 느끼는 것이다. 화면에 검은색 형상이 등장할 때 주변을 가리고 보면 지금까지 검게 보이던 부분이 회색이라는 사실을 알게 될 것이다.

가슴 설레게 하는 단풍 색깔에 얽힌 비밀

우리의 몸은 무엇으로 만들어져 있을까? 인체는 화합물이 유기적으로 연결되어 있는 집합체이다. 이들 화합물과 지구상에 존재하는 모든 물질들은 100여 종의 원소로 이루어져 있다. 이처럼 일상생활의 바탕을 지탱하고 있는 이들 100여 종의 원소에 대해서 우리는 얼마나 알고 있을까?

물(H_2O)은 수소와 산소, 이산화탄소(CO_2)는 탄소와 산소, 그리고 소금의 주성분인 염화나트륨은 나트륨과 염소(Cl)라는 원자로 구성되어 있다.

아름답게 물든 단풍은 어떤 원소들의 조화일까? 새롭게 분리·추출한 색깔 있는 원소를 눈앞에 두고 발견자는 아련한 감동에 사로잡혔을 것이다. 이들 원소의 특성과 응용분야에 대해 고찰하는 과정을 통해 과학은 발전할 것이다. 여기서는 색깔과 관련하여 몇 가지 원소에 관하여 살펴본 후에 자연과 과학적 생활에서 화합물과 빛이 뿜내는 현상을 고찰할 것이다.

크롬(Cr)은 그 화합물의 색이 오렌지 색, 노랑, 빨강, 초록 등 다채롭기 때문에 그리스어의 '색'이라는 의미의 chroma에서 붙여진 이름이다. 로듐(Rh)은 백금의 광석을 왕수(aqua regia: 진한 염산과 진한 질산을 3:1의 비율로 혼합한 액)로 녹인 후 염산을 가하면 생기는 장미색 침전물에서 발견되었다. 그 때문에 그리스어로 '장미색'이라는 의미의 rodes에서 명명되었다.

한편 백금의 광석을 가열해서 녹지 않고 남는 검은 분말을 분석했더니, 두 종류의 새로운 금속 원소가 얻어졌다. 하나는 오스뮴(Os)이고, 다른 것은 이리듐(Ir)이다. 이리듐은 그리스어의 '무지개(iris)'라는 말에서 유래된 이름으로 산과 알칼리에 반응하여 노랑, 보라, 빨강 등 다양한 색깔의 화합물을 만든다.

이와 같이 색을 고찰하는 원소의 세계에도 기술 혁명은 직접적인 영향을 미치는데, 불꽃반응과 프리즘을 사용한 분광분석이 바로 그것이다. 불꽃반응이라는 것은 여러 가지 금속 화합물의 수용액을 백금(Pt) 선에 묻혀 불꽃 안에 넣으면, 금속의 종류에 따라 각각 독특한 색이 나타나는 반응을 말한다.

이런 다양한 기술 발전에 힘입어 불꽃의 분광분석법으로 푸른색 선을 가진 세슘(Cs)이 발견되었다. 그 이름은 라틴어의 '파랗다'는 의미를 가진 caesius에서 유래되었다. 이어서 붉은색 선을 가진 루비듐(Rb)을 발견했다. 그 이름은 루비(ruby)와 비슷한 색이라는 데서 라틴어의 '붉은색'을 의미하는 rubidus에서 온 것이다. 아름다운 녹색 선을 가진 탈륨(Tl)은 영국의 한 학자가 발견한 것으로, 이 이름은 그리스어의 '초록색 새싹'을 의미하는 thallos에서 탄생했다. 또한 독일의 한 연구가는 선이 쪽빛을 띤 인듐(In)을 발견했다. 이 이름은 라틴어의 '쪽빛(남색)'이라는 의미의 indicum에서 출현하게 되었다.

색과 연관된 원소의 무리로 불꽃 분석과 관계없이 일반적인 화합물이 녹색을 띠고 있는 것으로 프라세오디뮴(Pr)을 생각할 수 있다. 이것은 그리스어의 '녹색'을 의미하는 prasios와 '쌍둥이'라는 의미를 가진 말이 혼합되어 탄생하였다. 이와 같이 원소들의 특성과 관련된 다양한 색을 일상생활에 응용함으로써 우리는 삶을 풍요롭게 가꿀 수 있다.

그러면 자연이 선사하는 색깔과 연관 있는 초록색 잎과 단풍들로부터 우리는 무엇을 느끼고, 이들을 어떻게 이용할 수 있을까? 이들을 화장품과 옷감 등에 아름다운 색을 탄생시키는 색소의 천연자원으로 활용하면 금상첨화일 것이다. 또한 이들로부터 색의 아름다움을 지닌 향료(香料)를 추출할 수도 있을 것이다.

이런 측면에서 어떤 과정을 거쳐 가을 산이 물드는지 관찰해보는 것도 의미가 있을 것이다. 한여름 무성하던 초록색 잎들은 어떤 메커니즘을 거쳐 빨간색이나 노란색으로 변하는 걸까? 단풍이라고 하면 흔히 가을철이 되어 잎이 빨간색이나 노란색이 되는 현상이라고 알고 있지만, 좀더 넓은 의미로 접근하면 사실 단풍은 다음과 같은 세 가지 경우로 나눌 수 있다.

　① 어린잎이 일시적으로 빨갛게 된 후에 잎이 성장함에
따라 빨간색이 없어지는 경우
　② 잎의 성장 기간 내내 빨간색인 경우
　③ 낙엽 직전에만 빨갛게 되는 경우

　이 모두가 잎 속에 적색 색소인 안토시안(anthocyan)이 형성
됨으로써 일어나는 현상이다.
　①의 이유는 갓 나온 어린잎은 엽록소를 만드는 세포 내의
구조가 완성되지 않았기 때문이다. 줄기로부터는 당이 계속
보내져오고, 잎은 이것을 재료로 안토시안을 만든다. 안토시
안은 자외선을 잘 흡수하는 성질을 갖고 있고, 또한 안토시안
을 많이 가진 조직은 표피뿐이다. 이 때문에 연약한 어린잎이
빨갛게 됨으로써 자외선의 해를 피하는 것이다. 잎이 성숙함
에 따라 안토시안은 분해·소실된다.
　②와 같은 식물로서는 예외적으로 자주색 양배추, 붉은 차
조기잎, 베고니아 등이 있다. 이들 식물은 정상적인 녹색 종으
로부터의 변종인 경우가 많은데, 안토시안과 공존하는 엽록소
에 의해 정상적인 광합성을 해 나간다.
　③의 경우가 일반적으로 말하는 단풍으로 가을이 되면 산
전체를 울긋불긋하게 물들이는 것이다.
　식물의 엽록소는 광합성 과정을 통하여 당이나 녹말 등의

물질을 만드는데, 가을이 되면 이 물질들은 줄기 또는 뿌리의 저장 기관으로 보내진다. 그리고 가을이 깊어감에 따라 잎에서의 광합성 작용이 쇠퇴하고 엽록소가 분해된다. 그리하여 잎에 당분이 축적되는데, 이것이 안토시안의 생성에 전용된다. 환언하면, 가을이 되면 녹색을 띠는 엽록소는 분해되는 반면에 빨간색을 띠는 안토시안이 생성되어 잎이 빨간색을 나타내는 것이다. 이윽고 잎꼭지 기저부에 분리층이 생겨 물질이 지나다니던 길이 끊어지게 되므로 언제라도 나무에서 떨어질 수 있게 된다. 또한 엽록소가 분해하여 세포 내에 모인 아미노산에 의해 안토시안의 생성이 촉진되기도 한다. 이런 과정들이 단풍 현상의 메커니즘이다.

한편 잎이 노랗게 변하는 형상은 카로티노이드(carotenoid) 색소에 의한 것이다. 이른 봄에 어린잎이 날 때부터 카로티노이드 색소가 만들어지는데, 여름에는 엽록소의 녹색으로 덮여 가려지기 때문에 그 색깔이 보이지 않는다. 그러다 가을이 깊어가면서 엽록소가 분해됨에 따라 노란색이 표면에 나타나는 것이다.

여기서 짐승의 눈에 얽힌 사연을 한 가지 더듬으면서 색소의 신비계에 대해 재차 생각해보면 일상생활에 도움이 되는 다양한 면과 조우할 수 있을 것이다. 털이 검거나 누런 경우의 토끼들은 검거나 검은 색에 가까운 눈을 가지고 있지만, 귀여운 흰 토끼의 경우에는 눈이 너무 빨개서 뭔가 슬픈 사연이라도 간직하고 있는 것만 같다.

동물의 눈을 이루는 '홍채'에는 '색소'가 있는데 이 색소는 멜라닌(melanin)이라는 물질이다. 흰 토끼나 흰 쥐는 '돌연변이'에 의해서 이 멜라닌 색소를 잃어버린 것이다. 그래서 눈에 분포되어 있는 많은 혈관 속을 흐르는 피의 색깔이 그대로 비쳐 눈이 빨갛게 보인다.

또한 색과 밀접한 관계가 있는 빛과 관련하여 교통신호를 자연이 제공하는 아름다운 색, 과학에 의해 표현되는 색과 비교·고찰하면 상당히 유익할 것이다.

출발 신호에는 녹색, 정지 신호에는 빨간색을 사용하는 이유는 무엇일까? 중국에서 홍위병이 활개 치던 문화 대혁명 시기에는 '정지 신호에 빨간색을 사용하는 것은 좋지 않다'고 하여 빨간색을 진행 신호, 녹색을 정지 신호로 정했던 적이 있었지만, 지금은 일반적인 신호 체계를 사용하고 있다.

이에 대한 이유로 몇 가지를 생각해 볼 수 있다. 먼저 생각할 수 있는 것은 빨간색의 빛은 다른 색 빛에 비해 공중에 떠 있는 입자(원자 혹은 분자 등)에 의해 산란되지 않기 때문에 빨간색의 빛은 다른 것보다도 멀리까지 통과한다는 점이다.

빛이 입자에 입사되면 원자핵의 둘레를 돌고 있는 전자가 진동을 하게 되고, 이렇게 진동하는 전자는 모든 방향으로 빛을 방출하게 된다. 이것을 빛의 산란(散亂)이라 하는데, 산란은 빛이 입자의 표면에 내려쬘 때 여러 방향으로 빛이 분산되어 퍼져나가는 현상을 의미한다.

대기 중의 입자들에 의해 빛의 산란이 가장 잘 되는 것은

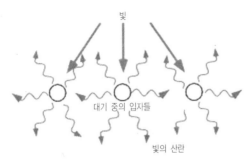

빛의 산란 현상

보라색이다. 그리고 파란색, 녹색, 노란색, 주황색, 빨간색의 순서로 산란이 잘 일어나지 않는다. 산란은 입자가 입사 파동의 파장보다 짧을 때 일어나며, 입자가 작을수록 파장이 짧은 빛이 많이 산란된다. 빨간색 빛은 파장이 길기 때문에 공기 중의 작은 입자에 의해서는 거의 산란되지 않아서, 보라색과 비교해보면 보라색의 1/10정도밖에 산란되지 않는다. 파장이 긴 편에 속하는 빨간색, 주황색, 그리고 노란색은 보라색과 파란색보다 대기를 더 많이 통과하게 된다.

입자의 크기에 따라 파장이 다른 빛이 산란된다. 그래서 대기 중의 질소나 산소 분자보다 크기가 큰 먼지나 다른 입자들이 많이 있는 지역에서는 파장이 더 긴 빛이 많이 산란된다. 물론 이들보다 더 큰 입자는 산란보다는 흡수를 한다. 재차 논의하겠지만, 일몰 때 저녁놀이 붉은 이유도 빨간색이 거의 산란되지 않고 대기 속을 잘 통과하기 때문이다.

또한 공기 중의 미립자에 의해 뿌옇게 된 경치의 사진을 보통의 필름으로 찍으면 봄날의 아지랑이처럼 흐릿하게 표현되지만, 적외선 필름을 이용하면 선명하게 나타난다. 파장이 긴 적외선으로 촬영하는 적외선 필름은 산란이 잘 되지 않는 적외선은 통과시키고, 가시광선을 흡수·차단하므로 깨끗한 사진을 얻을 수 있다.

여러 측면에서 빨간색과 관련하여 살펴보았지만, 빨간색은 대기 중에서 멀리까지 통과하는 빛이어서 흐린 날에도 잘 보이기 때문에 교통 신호, 특히 정지 신호에 효과적이다. 정지 신호에 빨간색이 사용되는 또 다른 이유는 빨간색이 가지는 심리적 효과 때문이다. 위험 신호나 브레이크 등이 빨간색인 것도 같은 이유라고 볼 수 있다.

물론 진행 신호에 녹색을 사용하는 것은 '빨간색의 보색으로 구별이 잘 된다'는 데에 그 까닭이 있을 것이다.

자연의 예술 속에서 엽록소가 사랑하는 색깔

태양 에너지는 여러 방법으로 지구 표면에 있는 물체들과 상호 작용한다. 이때 직·간접적으로 열로 변환될 수도 있고, 다시 태양으로 반사될 수도 있다. 어떤 생명체는 대기에 있는 이산화탄소를 유기 화합물로 바꾸기 위해 태양 에너지를 이용하기도 한다. 이런 광합성이라는 과정을 통해 지구상의 다양한 생명체가 자신의 역할을 수행하고 있다.

광합성은 태양 에너지가 식물 잎에 있는 엽록체(chloroplast)와 상호작용을 할 때 일어나며, 바다에서도 식물성 플랑크톤과 해초 등에 의해 수행된다. 자연에서 광합성이라는 화학 산업이 가동되는 동안 식물은 이산화탄소를 흡수하고, 산소를 방출한다. 즉, 식물은 대기 중의 이산화탄소를 산소로 변환시

커 대기 중에 선물로 제공한다.

광합성 과정에서 식물은 유독한 기체를 배출하지 않고 동·식물이 생활하는 데 필수적인 산소를 제공하기 때문에 이 과정은 일상생활에서 고마운 화학반응 중의 하나이다. 광합성을 할 때 지구로부터 무엇인가를 착취하는 일도 없이 식물은 우주에서 타오르는 태양 에너지를 동력으로 하여 공기를 정화시킴으로써 우리에게 쾌적한 환경을 조성해주는 것이다.

우리는 여기에서 '과학의 극치는 친환경적(親環境的)이며 예술적일 수 있다'는 교훈을 얻는다. 이와 상반되는 것으로 공해를 몰고 오는 과학의 진보는 진정한 과학의 발달이라 할 수 없다. 앞으로는 친환경적이면서 예술적인 측면에서 화학 산업이 수행되지 않으면 인류에게 재앙이 될 수 있음을 인식하는 것이 중요하다.

이렇게 중요한 광합성의 주역인 엽록소(chlorophyll)에는 10여 종이 있지만, 모든 식물에서 가장 중요한 것은 엽록소 a와 b이다. 대개의 육상 식물에는 엽록소 a와 b가 들어 있는데, 엽록소 a는 엽록소 b가 환원된 형태이고, 엽록소 b는 엽록소 a가 산화된 형태이다. 일반적으로 c 이하의 엽록소는 광합성을 하는 데 그렇게 중요하지 않은 것 같다.

엽록소와 관련하여 매우 흥미로운 식물도 있다. 이에 해당하는 것으로 어린 메귀리에 빛을 쬐면 엽록소 a가 먼저 생겨나지만, 이때는 거의 광합성을 하지 못한다. 그러나 엽록소 b가 생겨나기 시작하면 갑작스럽게 광합성이 진행된다. 이런 점으로 볼 때 엽록소 b는 광합성에서 보조적이지만 꼭 필요한 역할을 하는 것으로 생각된다. 이러한 사실들을 조금 더 외연(外延)시켜 심도 있게 논의하면 자연의 섭리와 중요성을 깊이 생각할 수 있을 것이다.

식물의 광합성은 지구 환경에 커다란 변화를 일으켰다. 지구가 막 생겨났을 당시 공기의 주요성분은 수소와 헬륨(He)이었는데, 마침내 그 공기가 사라지고 지구 내부에서 이산화탄소, 질소, 수증기 등이 분출되었다. 수증기는 비가 되어 바다를 만들고, 공기는 이산화탄소와 질소가 되었다. 그리고 이산화탄소는 바다 속으로 녹아들어갔다. 이즈음 바다 속에 광합성을 하는 미생물 또는 식물이 생겨나 공기 중의 산소가 증가하게 되었다.

이로 인해 오존(O_3)층이 생겨 지구 표면으로 쏟아져 내리는 자외선의 양이 줄었다. 그래서 바다 속이 아니면 살 수 없었던 자외선에 약한 생물이 뭍으로 올라갈 수 있게 되어 산소 호흡을 하는 생물이 생겨나고 이것이 점차 진화하게 되었다. 그래서 뭍에 퍼진 식물은 광합성으로 산소를 뿜어내고 공기 중의 이산화탄소를 더욱 감소시켰다.

물론 지금의 지구 환경은 바로 태양광과 식물이 만들어낸 것이다. 오랜 세월에 걸쳐 조성된 오늘날의 환경을 귀중한 자산으로 인식하고 소중하게 가꾸는 것은 우리의 책무이다.

사람들은 음식을 섭취하여 살아가는 데 필요한 에너지 또는 신체를 구성하는 물질을 생성시킨다. 우리가 먹는 음식은 크게 나누어 야채나 과일 등의 식물과 쇠고기나 돼지고기 등의 육류가 있다. 소 혹은 돼지도 식물을 먹고 자라므로 육류는 식물이 모습을 바꾼 것이라고 할 수 있다. 또 우리가 연료로 쓰는 석탄이나 석유 등의 화석연료는 동·식물의 분해물이 오랜 세월에 걸쳐 변화한 것이다. 화석연료에 함유된 에너지는 태양광 에너지가 모습을 바꾸어 축적된 것이다.

최근에는 광합성 구조를 흉내 낸 인공 광합성 연구가 진행 중이다. 아직 실용화 단계에 이르지는 못했지만, 이것이 실현되면 태양광을 단순히 에너지로 이용할 뿐만 아니라 연료물질로 변환시켜 저장·운반할 수 있으므로 에너지 문제가 해결될 수 있다. 식물은 이러한 이상을 묵묵히 실현하고 있는 것이다.

광합성의 주역인 엽록소의 구조와 관련하여 피와 식물 잎의 색깔에 대해 살펴보면 상당히 재미있다. 대개 동물의 혈액 속에는 헤모글로빈이 들어있지만, 문어나 오징어의 혈액 속에는 헤모시아닌(hemocyanin)이라는 물질이 들어 있다. 이것은 헤모글로빈과 화학적 구조는 비슷하지만, 헤모글로빈 색소의 중심에 철이 있는 반면 이것의 중심에는 구리가 들어 있어 파란색을 띤다. 일례로 대형 갑각류 경우는 피가 파랗다. 또한 낚싯밥으로 쓰는 갯지렁이(다모류) 가운데 한 종류의 혈액은 녹색을 띠고 있다. 이 경우는 클로로크루오린(chlorocruorin)이라는 녹색의 색소를 가진 물질이 들어 있기 때문이다.

물론 모든 식물의 잎이 녹색을 띠고 있는 것은 아니다. 베니떡갈나무는 초봄에 피와 같은 새빨간 잎을 달고 있고, 바닷

속에 사는 해조 가운데에는 우뭇가사리 혹은 진두발 등과 같이 주홍색을 띠는 것도 많다. 어떤 사람은 '식물의 조상은 붉은색 잎을 지니고 있었다'고 생각하기도 한다. 따라서 녹색이 아닌 식물도 살아갈 수 있지만, 대개의 식물이 녹색을 띠고 있는 점으로 보아 적색보다 녹색이 유리한 점이 있을 것이다.

이런 각도에서 빛과 식물의 잎 간의 상호작용의 산물을 고찰하면 흥미로운 결과를 도출할 수 있다. 식물의 잎에 햇볕이 닿으면 잎은 파랑과 빨간빛을 흡수하고, 노란색과 녹색의 빛은 반사시키거나 투과시킨다. 이때 반사된 노란색 또는 녹색의 빛이 우리 눈에 들어오기 때문에 식물의 잎이 녹색으로 보이는 것이다. 물론 잎에 강한 빛을 쪼이고 뒤에서 보면 잎이 투명한 것처럼 희미하게 녹색으로 보이는데, 이것은 잎을 투과한 녹색의 빛을 보는 것이다.

광합성에는 녹색의 잎이 흡수한 빛, 즉 빨강과 파랑의 빛이 이용될 것이다. 그렇다면 식물의 잎이 붉은색을 띠고 있으면 어떻게 될까? 이 경우에는 흡수하는 빛의 종류가 달라진다. 붉은 잎에 햇볕이 닿으면 이것은 붉은색의 빛을 반사시키거나 투과시킨다. 따라서 식물은 흡수할 수 있는 청색이나 녹색의 빛을 이용하여 광합성을 해야 한다. 그런데 광합성의 효율은 청색보다 적색의 빛일 때 더 높으므로 식물의 잎이 붉으면 광합성의 생산 능력이 떨어져서 녹색 식물에 비해 생장이 더디고 번식력도 매우 낮아진다. 그러나 잎의 색이 사람의 피처럼 붉더라도 식물이 살아가지 못하는 것은 아니다.

식물들은 수억 년 전부터 태양 에너지를 이용하는 최신식 화학 산업을 운영하고 있다. 자신을 뽐내지도 않고 오늘날 각광을 받고 있는 전자공학 분야의 유익한 최첨단 산업을 식물들은 묵묵히 경영하고 있는 것이다.

최근에 우리 사회는 전자공학 시대를 맞이하여 기계가 정밀화·소형화되었으며, 이 시대를 이끌고 있는 것은 바로 반도체(semiconductor)이다. 반도체는 전기가 잘 통하는 것(철, 구리, 은 등)과 전기가 통하지 않는 것(황, 유리 등)의 중간 성질을 지니는 것으로, 조건에 따라 전기가 통하기도 하고 그렇지 않기도 한다.

일반 금속인 경우는 온도가 높아지면 전기 저항이 커져서 전기가 잘 통하지 못하지만, 이와는 반대로 반도체의 경우는 온도가 증가하면 전기가 잘 흐른다. 게르마늄(Ge), 실리콘(Si), 셀레늄(Se) 등은 대표적인 반도체로서 트랜지스터나 다이오드(diode) 등에 이용된다.

또한 반도체는 열뿐만 아니라 빛, 전자기, 방사선(放射線) 등에 의해서도 절연체에서 양도체로 변한다. 이것은 열, 빛, 그리고 방사선 등의 에너지 영향에 의하여 물질 내부를 이동할 수 있는 자유전자(free electron)가 생겨나기 때문이다.

만일 엽록소가 이와 같은 성질을 지니고 있으면 엽록체 내의 그라나(grana)는 광합성 작용을 수행하기 위한 초소형의 최신식 기계라고 할 수 있다.

최근 캘리포니아 대학의 몇몇 연구가들은 '엽록소에 빛을 쬐면 자유전자가 생긴다'는 사실을 알아냈다. 이것은 자유전자가 있는 곳에서는 고주파의 일부가 **흡수**되는 현상을 이용·확인한 것이다. 이와 같은 결과로부터 '엽록소가 반도체의 성질을 지니고 있다'는 결론을 도출할 수 있다.

이런 엽록소의 역할을 좀더 알아보기 위해, 태양빛 에너지의 영향 하에서 이산화탄소와 물을 글루코오스(glucose)와 산소로 변환시키는 화학반응[식 1]과 관련된 몇 가지 과정을 살펴보기로 한다.

$$6CO_2 + 6H_2O \rightarrow C_6H_{12}O_6 + 6O_2 \qquad [1]$$

실질적으로 광합성이 물을 절대적으로 요구하지는 않는다. 이 과정의 더 일반적인 표현은 [식 2]로 나타낼 수 있다.

$$CO_2 + 2H_2A \rightarrow CH_2O + H_2O + 2A \qquad [2]$$

여기서의 'A'는 산소 혹은 황 등 다양할 수 있고, CH_2O는 탄수화물의 실험식이다. 예를 들어 클로로비움(chlorobium)은 광합성이 황을 포함할 수 있는 녹색과 보라색 박테리아의 일종과 관련이 있다.

이 일반적인 표현법을 이용하면, 푸른 식물에서 광합성을 나타내는 것은 [식 3]으로 정리할 수 있다.

$$6CO_2 \;+\; 12H_2O \;\;\rightarrow\;\; (CH_2O)_6 \;+\; 6H_2O \;+\; 6O_2 \qquad [3]$$

이와 같은 광합성의 복잡한 과정은 두 단계로 나누어 생각할 수도 있다. 첫 번째는 가시광선을 필요로 하는 명반응이고, 두 번째는 빛의 존재와 관계가 없는 암반응이다.

엽록소 a는 빛을 흡수하면서 전자를 방출하기 때문에 광합성에서 주된 역할을 한다. 이 과정은 여러 단계로 이루어져 매우 복잡하지만, 중요한 것은 구조적인 면에서 많은 단일결합과 이중결합이 교대로 표현되는 색소 분자가 가시광선을 흡수한다는 것이다.

분자가 태양 에너지와 상호작용함으로써 전자를 방출하는 것은 광합성에서 기본적인 에너지 흡수 과정이다. 이후에 일어나는 모든 연속적인 과정들은 각 탄수화물 분자에 저장된 에너지의 일부를 살아 있는 세포에 저장될 수 있는 형태로 바꾸고, 이것이 필요한 곳에 적시에 사용되게끔 하는 것이다.

엽록소 a가 흡수하는 빛의 파장은 주로 푸른색과 붉은색 영역에서 일어난다. 물론 이 경우의 화합물은 다른 색에 비해 초록색 빛을 거의 흡수하지 않고, 이것을 많이 반사하기 때문에 초록색으로 보이는 것이다.

그런데 엽록소 a의 흡수 범위는 비교적 제한되어 있어 식물은 다른 파장의 빛을 흡수하는 다양한 카로티노이드와 엽록소 b 등과 같은 빛 흡수 분자 또는 색소를 함유하게 된다.

이같이 다른 부가적인 색소에 의해 얻어진 에너지는 곧 엽록소 a로 변환된다. 이 같은 추가적인 색소 등에 의한 알짜 효과는 태양 에너지를 더 많이 사용할 수 있도록 엽록소 a의 흡수 범위를 확장하는 결과이다.

광합성의 마지막 명반응 단계에서 물은 화학적으로 수소 이온, 산소 분자, 그리고 전자(e⁻)를 방출함으로써 분해된다(식 4).

$$H_2O \quad \rightarrow \quad 2H^+ + (1/2)O_2 + 2e^- \qquad\qquad [4]$$

이런 식으로 광합성을 영속시키는 전자는 이미 빛 단계에서 방출되었기 때문에, 암반응 단계에는 빛을 필요로 하지 않는다.

암반응과 관련한 두 번째 단계의 결과는 이산화탄소를 탄수화물로 바꾸는 것이며, 이 탄수화물은 동물의 에너지원이다. 물론 물질이 보존되는 지구상에서는 태양 에너지 때문에 생명체의 순환은 계속되는 것이다.

신비로 가득 찬 무지개의 내면세계

일반적으로 스펙트럼이란 빛의 성분을 파장의 순서로 나열한 것을 말한다. 빛을 각 성분으로 나누는 것을 '스펙트럼으로 분해한다'라고 표현할 수 있다. 물론 빛은 가시광선, 자외선, 적외선 등을 비롯하여 다양한 종류로 나눌 수 있다. 영국의 아이작 뉴턴은 가시선 스펙트럼 및 빛의 색과 파장의 관계를 발견하였다.

스펙트럼에는 가시선 스펙트럼처럼 파장에 따라 연속적인 색띠(color band)로 나타나는 연속 스펙트럼 외에 불연속적으로 띄엄띄엄 선(line)이나 띠(band)가 나타나는 불연속 스펙트럼이 있다. 스펙트럼의 의미를 더욱 쉽게 이해하기 위해 불연속 스펙트럼과 관련된 몇 가지 사실을 알아보자.

터널 조명에 쓰이는 노란색 나트륨등의 빛은 프리즘을 통과시켜도 노란 빛밖에 나오지 않는다. 이는 나트륨등의 빛이 하나의 파장의 빛밖에 포함하지 않기 때문이다. 이처럼 한 가지 파장의 빛을 단색광이라고 한다. 한편 푸른빛을 내는 수은등의 빛을 조사해보면 여러 가지 파장의 빛이 포함되어 있다. 즉, 수은등 빛은 몇 가지 단색광이 섞인 것이다.

이러한 나트륨등이나 수은등 빛의 스펙트럼은 몇 개의 띄엄띄엄 빛나는 선으로 이루어져 있는데, 이것을 선 스펙트럼이라고 한다. 선 스펙트럼은 원자의 '발광'이나 '흡수'라는 현상에 따라 나타나며, 원자의 종류에 따라 특유의 형태를 지닌다. 나트륨등이 노란빛, 수은등이 푸른빛을 내는 것은 나트륨과 수은의 원자가 각각 특이한 파장의 휘선(輝線)을 가진 선 스펙트럼을 발생하기 때문이다. 이 휘선은 물질의 온도나 압력, 전자의 충돌 속도 등의 발광 조건에 따라 세기가 변화하는 것으로 순수에 가까운 단색광이며, 선 스펙트럼에 여러 군으로 나타난다.

또한 원자는 자신이 내는 빛과 동일한 파장의 빛을 흡수하는 성질이 있다. 예를 들면 저온 나트륨 원자에 백색광을 비추면 앞의 휘선과 동일한 파장의 빛이 흡수되어 백색광의 연속 스펙트럼에 어두운 선이 나타난다.

여러 개의 원자로 이루어진 분자에서는 원자 간의 결합에 의한 진동이나 회전에 의해 에너지 상태가 원자처럼 확실히 정해지지 않고 연속적으로 분포하는 에너지를 방출하거나 흡수한다. 이 때문에 분자 스펙트럼은 선 스펙트럼이 모인 연속 스펙트럼이 된다. 이것을 띠 스펙트럼이라고 한다.

이들과 관련된 중요한 결과로서 원자나 분자가 방출 또는 흡수하는 빛을 조사해 보면 원자 혹은 분자의 내부 구조가 어떻게 되어 있는지를 알 수 있다. 이런 측면에서 스펙트럼을 사용한 광분석이 최첨단 기술 등에 다양하게 응용되고 있다.

뉴턴은 '환상 또는 유령'이라는 말을 어원으로 하는 '스펙트럼'이라는 이름을 붙였지만, 스펙트럼의 활약상을 고려하면 이 분야는 그 어원과는 달리 엄청난 결과를 산출하고 있다.

이처럼 스펙트럼에 내포되어 있는 결과들과 연관지어 비누 방울 또는 무지개와 같이 아름다운 세계로 여행을 떠나보면 마음이 풍요로울 것이다. 무지개를 과학적으로 처음 연구한 사람도 뉴턴이다. 그는 캠브리지 대학의 한 연구실에서 프리즘을 이용해서 태양광을 무지개 색으로 분해·관찰하고, 그 결과를 자신의 저서 『광학(光學)』에 기록했다.

1666년 어느 날, 뉴턴은 태양광을 프리즘에 통과시켜 무지개와 같은 연속된 색띠가 나타나는 현상을 발견했다. 이러한 현상이 일어나는 것은 태양광에 포함되어 있는 가시광선이 프리즘에서 굴절되면서 각 파장의 빛으로 분리되기 때문이다.

무지개에 대해 기술하기 전에 우리 주위에서 자주 접할 수 있는 비누 방울 또는 기름 막 등과 빛 간의 상호작용을 일별하려 한다. 비누 방울을 크게 불면 둥실둥실 떠오르면서 빨갛게 혹은 파랗게 보인다. 또한 비가 멈춘 후의 물웅덩이에 자동차가 떨어뜨린 얇은 기름의 막이 넓게 퍼질 때도 역시 이런 현상이 나타난다.

이것은 빛이 간섭(파장의 마루(정상)와 마루가 겹친 부분은 밝아지고, 마루와 골이 만난 부분은 어두워짐)을 일으키기 때문이다. 즉, 파장의 마루와 마루가 겹쳐 파장이 서로 강하게 또는 골이 겹쳐 파장이 약하게 되는 것이다.

비누 방울은 비누의 얇은 막으로 이루어져 있다. 이 비누 방울에 빛이 비치면 막의 표면과 그 맞은편의 안쪽, 즉 양쪽에서 빛이 반사된다. 다시 말해서 두 개의 반사광이 동시에 눈에 들어온다. 물론 이때 안쪽의 것은 표면의 것보다도 멀리서 빛이 반사된다. 환언하면 비누 방울의 표면에서 반사되는 빛은 그대로 눈으로 들어오지만, 맞은편의 안쪽에서 반사되는 빛은 방울의 막 속으로 일단 들어가 안쪽에서 반사된 후에 도달한다. 그래서 안쪽에서 반사된 빛은 표면에서 반사된 빛보다 긴 거리를 이동한다. 이들 양쪽에서 반사된 빛의 이동거리 차이 때문에 두 빛이 간섭을 일으키는 것이다. 여기서 빛은 파장을 서로 강하게 혹은 약하게 한다. 그 결과 비누 방울이 빨갛게 또는 파랗게 보인다. 환언하면, 빛의 간섭에 의해 강해지는 파장의 빛은 반사되고, 약해지는 파장의 빛은 반사되지 않는다. 그래서 막으로부터 반사되는 빛에 색이 있는 것처럼 보인다. 이런 결과로 빛은 파장의 성질을 지니고 있음을 알 수 있다.

이와 같이 방울과 빛의 상호작용을 생각하면서 무지개에 얽힌 비밀을 살펴보도록 하자. 비가 갤 무렵에 하늘에 자신의 자태를 뽐내는 무지개는 자연이 연출하는 빛과 색의 예술이다. 하늘 캔버스에 그려진 아름다운 색띠는 과연 무슨 조화에 의해 연출된 것일까?

우리도 프리즘을 사용하면 무지개를 만들 수 있다. 이것이 가능한 이유는 빛이 공기와 프리즘의 경계면에서 굴절하기 때문이다. 유리 프리즘은 정삼각형의 삼각기둥인데 빛은 공기에서 프리즘으로 들어갈 때, 그리고 프리즘에서 공기로 나갈 때 두 번 굴절한다. 이때 파장이 짧은 보랏빛은 파장이 긴 빨간빛보다 크게 굴절한다. 이 때문에 태양광을 프리즘에 통과시키면 여러 색깔의 빛으로 분리되어 색띠가 나타나는 것이다. 이런 현상을 '빛의 분산'이라 하고, 이와 같은 과정에 의해 분산광(dispersed light)이 탄생한다.

비가 내린 뒤 공기 속에는 수많은 작은 구형 물방울들이 방황한다. 이 작은 물방울들이 프리즘과 같은 역할을 해서 빛을 분산시켜 무지개를 만드는 것이다. 다만 구형 물방울 속에서 빛의 움직임은 삼각형 프리즘에서보다 조금 더 복잡하다.

공중에 떠다니는 물방울에 태양광이 닿으면 빛은 물방울의 표면에서 반사하거나 굴절에 의해 물방울 속으로 들어가게 된다. 물방울 속으로 들어간 빛은 그 일부가 물방울 내에서 반사한 뒤 다시 표면에서 굴절한 후에 밖으로 나간다.

그런데 물방울 안쪽에서 한 번 반사해서 밖으로 나가는 빛은 빛의 파장에 따른 굴절률의 차이 때문에 특정한 각도로 진행하게 된다. 예를 들어 빨간빛에서는 약 42.4°, 보랏빛에서는

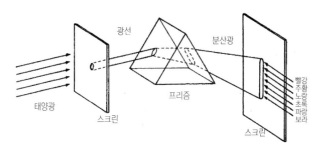

빛이 굴절되는 정도는 매질의 특성과 파장에 따라 다르며, 파장이 짧을수록 꺾이는 정도가 크다. 그래서 프리즘으로 태양광을 통과시키면 빛이 파장별로 분산된다.

약 40.6°가 된다. 공중에 배회하는 수많은 물방울 하나하나에서 이러한 빛의 굴절이 일어나 무지개가 생기는 것이다. 환언하면, 소나기가 내린 후에 아직 공기 중에 남아 있는 물방울에 태양과 자신이 서 있는 위치를 직선으로 연결해서 42.4°의 방향에 있는 물방울은 빨간색, 40.6°의 방향에 있는 물방울은 보라색으로 보인다. 이렇게 해서 우리는 아름다운 무지개를 볼 수 있는 것이다.

때때로 무지개 위에 또 하나의 무지개가 보일 때가 있는데, 이것을 2차 무지개(secondary rainbow: 쌍무지개)라고 한다. 빛이 물방울 속에서 반사하는 횟수가 2회가 될 때 2차 무지개가 나타난다. 2차 무지개는 1차 무지개와 달리 안쪽이 빨간색, 바깥쪽이 보라색으로 색의 순서가 거꾸로 되어 있다. 또 2차는 1차 무지개보다 희미하여 잘 살펴보아야 보인다.

그러면 이렇게도 아름다운 무지개는 몇 가지의 색으로 구성된 자연의 선물일까? 장파장 쪽의 빨간색부터 단파장 쪽의 보라색까지 연속적으로 변화하는 색들을 아무리 세어 봐도 대여섯 색밖에는 보이지 않지만, 사람들은 무지개에 '빨-주-노-초-파-남-보(red-orange-yellow-green-blue-indigo-violet)'의 일곱 색깔이 있다고 생각한다.

무지개 색의 숫자를 '7'로 한 것은 뉴턴이 살던 시대의 분위기 때문인 듯하다. 이것은 과학적인 측면이 아니고, 사람들이 몇 가지로 보려고 하느냐와 관련된 '문화'의 문제인 듯하다. 당시 음악은 수학·기하학·천문학과 더불어 권위 있는 과목이었다. 음악의 '도~시'의 7음계가 마음속에 있었기 때문에 무지개를 보았을 때에도 사람들은 7이라는 수를 자연스럽게 떠올렸을 것이다.

그때까지의 기본적인 색은 빨강·노랑·초록·파랑·제비꽃색(짙은 보라)의 다섯 가지 색이었으므로, 여기에 두 가지 색을 더 보태서 일곱 색으로 하고 싶었던 것 같다. 그래서 빨강과 노랑 사이에 당시 일반적인 과일이던 오렌지의 색깔을, 파랑과 제비꽃색 사이에는 인도에서 수입되던 식물 염료인 인디고(천연염료 중에서 가장 많이 사용된 청색 염료인 쪽의 색소)의 색깔을 영광스러운 새로운 색으로 선택했던 것이다.

이제 일반적으로 별로 다루어지지 않는, 눈으로 관찰할 수 없는 스펙트럼 영역인 적외선과 자외선으로 여행을 떠나보자.

적외선은 난방에 쓰일 뿐만 아니라 우주에서 구름이나 지구 환경 생태를 조사하는 데에도 이용된다. 우리가 주지하고 있는 것처럼 자외선은 세균 등의 세포를 형성하는 물질을 파괴시키므로 살균에 이용되기도 하지만, 오존층의 파괴로 지표면에 도달하는 양이 증가하여 문제를 야기하기도 한다.

이 두 가지 빛의 정체에 대해 일별하는 것도 흥미로울 것이다. 프리즘으로 태양광을 분해할 때 나타나는 빨간색 바깥쪽에 온도계의 머리 부분을 두면 온도가 점점 올라가고, 보라색 바깥쪽에 형광 잉크를 칠한 종이를 놓으면 환하게 빛이 난다.

이런 현상은 이 영역에 우리 눈에 보이지 않는 빛이 비치고 있기 때문이다. 빨간색 바깥쪽에 있는 빛(빨간색보다 긴 파장 부분)을 적외선, 보라색 바깥쪽에 있는 빛(보라색보다 짧은 파장 부분)을 자외선이라고 하는데, 유리는 적외선이나 자외선을 상당량 흡수하기 때문에 일반적으로 쓰이는 유리 프리즘을 이용하면 그것을 통과한 빛에는 적외선이나 자외선이 아주 조금밖에 들어 있지 않다.

적외선은 물체의 온도를 높이는 성질이 있으므로 열선(熱線)이라고도 한다. 물체에 적외선이 닿으면 그 적외선이 물체에 흡수되는데, 이때 물체를 이루고 있는 물질의 원자들이 더욱 활발하게 움직이게 된다. 물론 원자의 운동이 격렬해질수록 온도는 올라간다.

그리고 원적외선이라는 빛도 있는데, 이는 적외선 중에서도 파장이 긴 빛을 말한다. 원적외선의 '원(遠)'이란 빛을 분해할 때 '빨간색 바깥쪽의 먼 곳에 위치한다'는 의미이다. 그런데 원적외선은 물에 매우 잘 흡수되므로 공기 속을 통과할 때 수증기에 대부분 흡수되어 지표면에서는 태양광선을 프리즘에 통과시켜도 원적외선은 거의 나타나지 않는다.

이들과 관련하여 일반적으로 접할 수 있는 사실들을 몇 가지 살펴보면 생활에 도움이 될 것이다.

적외선을 이용한 것으로는 난방기구 또는 건조기, TV 등의 리모컨, 그리고 인체에서 발산하는 적외선을 감지하는 센서(sensor: 경비용이나 자동문용) 등이 있다.

자외선은 물질의 화학변화를 일으키는 성질이 있다. 옥외에 칠한 페인트나 햇빛이 닿는 곳에 둔 책의 그림들의 색이 바래는 것은 색소가 태양광선에 포함된 자외선에 의해 화학변화를 일으키기 때문이다. 또한 이것은 형광 물질을 발산하는 성질도 있다. 자외선을 비추면 빛을 발하는 투명한 잉크(형광물질이 함유된 상태)로 숨은 문자를 인쇄함으로써 신용카드의 위조 방지에 이용하기도 한다.

장식 조명에 사용되는 불가시광선(black light)을 의상에 비추면 환하게 빛이 나는데, 이는 불가시광선에서 자외선이 나와 천에 붙어 있는 형광 물질을 빛나게 하기 때문이다. 이 때 방출되는 불가시광선의 자외선은 약하고, 에너지도 적게 가지고 있어 인체에 해를 끼치지는 않는다.

파란색의 연출자인 하늘과 바다

하늘은 왜 파란색을 자랑할까? 공기나 빛에는 분명 색이 없는데 어째서 파랗게 보일까? 무지개를 보면 알 수 있는 것처럼 태양광에는 여러 색깔의 빛이 들어있다. 또 공기 중에는 산소, 질소(N_2) 등의 많은 기체 분자(크기는 가시광선 파장의 약 1/5,000)가 존재하고 있다.

한낮의 맑은 상공에서는 태양으로부터 발산된 여러 색깔의 빛이 이 무수한 기체 분자들과 충돌하고 있다. 이들 기체 분자는 태양광과 상호작용하면 파란빛만 반사해서 흩어지게 하는데, 이것이 산란 현상이다. 이로 인해 태양광의 여러 색깔 가운데 파란빛이 특히 많이 우리 눈에 들어오기 때문에 하늘이 파랗게 보이는 것이다.

산란은 빛이 대기의 입자와 충돌하여 여러 방향으로 흩어지는 것을 말한다. 빛이 입자에 부딪히면 입자를 이루고 있는 원자 또는 분자 속의 전자가 이동하게 된다. 이 전자가 빛을 사방팔방으로 방출함으로써 산란현상이 일어난다. 물론 산란으로 빛의 방향은 바뀌고 빛의 에너지는 감소한다.

그러면 파란빛은 많이 산란되고 다른 색깔의 빛은 거의 산란되지 않는 까닭은 무엇일까? 미소세계(micro world)에서의 빛 운동은 우리가 느끼는 세계의 것과는 크게 다르다. 예를 들어 거울은 모든 색깔의 광선을 반사하지만, 광선이 기체 분자처럼 대단히 작은 입자와 충돌하면 파장이 짧은 파란빛(진동수가 큰 빛, 즉 에너지가 큰 빛)이 다른 색깔의 빛보다 강하게 반사되어 산란하게 된다. 이는 파장이 입자의 크기와 비슷하기 때문인데, 이 현상은 입자의 크기가 파장의 약 1/10 정도가 되면 나타난다.

이런 근본적 바탕에서 대기 중의 무수한 기체 분자들에 의해 파란빛이 수없이 산란된다. 그런데 이때 산란된 파란빛은 전체적으로 보면 서로 상쇄된다. 그러면 하늘이 캄캄해지고 파란 하늘은 보이지 않게 될 것이다.

그러면 어째서 서로 상쇄되지 않고 하늘이 파랗게 보이는 걸까? 실질적으로는 기체 분자들이 저마다 제멋대로 움직이고 있기 때문에 대기의 밀도는 균일한 상태로 유지되어 있는 것이 아니고 늘 불균형(흔들림) 상태로 존재한다. 이 때문에 산란된 빛은 서로 상쇄되지 않으며, 불균일하게 분포된 분자에서 산란된 빛은 결과적으로 개개의 분자에서 산란되는 빛과 동일한 강도가 된다. 즉, 맑게 갠 한낮의 하늘이 파랗게 보이는 까닭은 자유롭게 운동하고 있는 무수한 기체 분자들과 태양광의 충돌과 관계가 있다. 이때 파란빛이 기체 분자의 전자를 이동시키고, 이 전자전이에 의해 산란되는 파란빛을 우리가 보는 것이다.

이런 각도에서 바다의 색깔에 대해 더듬어 보는 것도 대단히 유익할 것이다. 색연필이나 그림물감 중에 '바다색'이라고 불리는 색이 있다. 그 밖에 자두색, 하늘색, 오렌지색, 제비꽃색, 복숭아색, 그리고 회색('회(灰)'는 '재'를 뜻함)처럼 사물의 이름을 빌린 색깔의 이름이 많다.

그렇다면 '바다색'은 정말 바다의 색깔일까? 물론 그림을 그릴 때 바다를 바다색이나 파란색으로 칠하고는 있지만, 그 바닷물을 깨끗한 용기로 떠보면 그저 무색투명할 뿐, 그림물감의 바다색 같은 색깔로 보이지는 않는다. 그러면 바닷물은 과연 어떤 색을 띠고 있을까? TV 혹은 책에서 물고기가 바다 속을 헤엄치는 장면이나 잠수부가 바다로 들어가 촬영한 영상이나 사진을 보면 전체적으로 파랗게 보인다. 마치 파란 조명을 비춘 것처럼 보이는 것이다.

태양광은 우리에게 무색처럼 보이지만, 무지개 색으로 알려진 일곱 가지 색깔의 빛으로 이루어져 있다. 한 잔 정도의 물에서는 이러한 색깔의 빛들이 거의 그대로 통과하므로 투명하게 보인다. 그러나 물 분자에는 빨간색의 빛을 조금 흡수하는 성질이 있어서, 빛이 물 속을 몇 미터 통과하는 동안 빨간색 계열의 빛은 상당 부분 흡수되어 약해지고, 그다지 흡수되지 않는 파란색 계열의 색은 상대적으로 강해진다. 이 때문에 물 속을 통과한 빛이 파란색으로 보이는 것이다.

이렇게 바다 속으로 들어가 파란색이 된 빛이 플랑크톤이나 밑바닥 등에 부딪혀 다시 바다 밖으로 나감으로써 바다 바깥에 있는 사람의 눈에는 바닷물이 파란색으로 보인다. 이와 반대로 배가 지나간 자리에는 자잘한 거품이 많이 생기기 때문에 태양광이 바다 속으로 들어가지 못하고 바로 반사되어 나온다. 그래서 배가 지나간 자리는 하얗게 보이는 것이다.

그런데 바다를 밖에서 바라보면 이렇게 바다 속에서 반사되어 나오는 빛만 보이는 것은 아니다. 빛의 일부는 바다 속으로 들어가지만 일부는 수면에서 반사된다. 파도 때문에 거울처럼 깨끗하게 반사되지는 않지만, 바다에는 하늘이 비추어지고 있기 때문에 활짝 갠 날에는 파란색, 흐린 날에는 회색, 그리고 석양 무렵에는 오렌지색으로 바다는 다양하게 화장을 하는 것이다. 이처럼 자연의 화장술(化粧術)이 뛰어난 바다를 관찰하면 많은 것들을 터득할 수 있을 것이다.

물 자체는 거의 투명하고 다만 빨간색 빛을 약간 흡수할 뿐이지만, 햇살의 강도, 플랑크톤의 수, 수심, 하늘의 색이나 밝기, 파도의 강도, 그리고 바라보는 사람과 수면의 각도 등 여러 가지 조건에 따라 물은 다양한 표정을 연출한다. 한 잔의 물 또는 바다, 호수, 강, 수영장 등에 이르기까지 온갖 물들의 표정을 찬찬히 관찰해보는 것은 상당히 흥미로울 것이다.

이처럼 다양한 표정을 뽐내는 바다물의 화장술을 음미하는 멋을 그 누가 알 수 있을까? 이때 바닷가에 서서 해안선의 동적인 자태를 관찰하며 노을을 바라보면 경외감이 수반된 낭만을 만끽할 수 있을 것이다. 앞에서도 언급했지만 화장술의 달인인 바다의 정적·동적인 모습을 비교하면서 노을 현상의 신비계를 여행하는 것은 삶의 윤활유 역할을 할 것이다.

이러한 노을 현상은 과연 어떻게 일어나는 것일까? 태양에서 나온 빛은 낮 시간에는 대기권의 공기 속을 통과해서 지표에 닿기까지의 거리가 짧은 탓에 모든 빛이 온전하게 지표에 도달하므로 우리 눈에 투명하게 보인다. 그렇지만 태양의 고도가 떨어져 지평선 쪽으로 기울면 태양광이 대기권을 통과하는 거리가 낮 시간보다 많이 길어진다. 이는 빛이 비스듬히 들어오기 때문에 대기를 통과하는 거리가 길어짐을 의미한다. 이렇게 태양광이 긴 여행을 하는 동안에 대기 중의 수증기나 먼지 등의 부유물, 또는 질소나 산소 등의 기체 분자와 충돌하여 보랏빛이나 파란빛은 대부분 대기 속으로 산란된다.

입자 크기가 빛의 파장보다 작은 경우에는 파장이 짧은 빛일수록 더욱 쉽게 산란되기 때문에 파란빛은 빨간빛보다 약 5배가 더 산란된다. 그래서 저녁이나 새벽에는 보랏빛 또는 파란빛이 우리 눈에까지 도달하지 못하는 것이다. 즉, 빨간빛, 주황빛, 노란빛 등은 비교적 적게 산란되므로 보랏빛이나 파란빛보다 훨씬 많은 양이 대기 속을 통과해서 우리 눈에 도달한다. 그래서 가슴을 벅차오르게 하는 노을의 색깔인 빨간색 또는 주황색으로 석양이 물드는 것이다. 아침 노을도 저녁 노을과 마찬가지 현상으로 일출 전에 동쪽 하늘이 빨간색 혹은 주황색으로 탄생한다.

일출 또는 일몰 때 태양이 붉게 보이는 것은 태양에서 오는 빛의 색에 의한 것이며, 그때의 하늘 색깔은 산란된 빛의 색에 기인한다. 이와 같은 자연현상을 되새김질을 하는 습관을 기르면 일상생활의 질이 훨씬 윤택해질 것이다.

물론 저녁 혹은 아침 노을은 공기 중의 수증기나 먼지의 양에 따라서도 색조가 변한다. 그렇다면 "아침 노을이 지면 비가 오고, 저녁 노을이 지면 다음 날 맑다"는 말은 사실일까? 사실 단순해 보이는 이런 말 안에도 과학은 숨어 있다.

저녁 노을이 지려면 서쪽 하늘이 개어 있어야 한다. 만약 저기압이 다가와 상승 기류가 발생하여 공기 중의 수증기가 증가하면 하늘의 색깔은 거무죽죽하게 되어 저녁 노을이 나타나지 않는다. 동·북 아시아의 날씨는 서쪽에서 동쪽으로 이동해가기 마련이므로, 저녁 때 서쪽 하늘이 맑아 저녁 노을이 지면 다음 날은 날씨가 맑을 것이라고 예측할 수 있다. 반대로 아침 노을이 나타났을 경우에는 동쪽 하늘이 맑음을 의미한다. 이때 서쪽에는 저기압이 자리 잡고 있는 경우가 많으므로 조만간 날씨가 궂어지는 경우가 많다. 이 속담은 날씨가 주기적으로 변하는 봄이나 가을에는 대체로 들어맞지만, 장마철 또는 한여름에는 그다지 맞지 않는다.

자외선의 특성과 선탠 및 선번 현상

　　많은 연구자들은 인간이 본능적으로 추구하는 미를 충족시키기 위하여 노력하고 있다. 그런데 우리의 삶에 필수적인 생명의 빛으로부터 항상 접하게 되는 자외선은 인간의 피부와 밀접한 관계를 맺고 있다. 이 자외선(ultraviolet: UV)을 잘 다스려야 아름다운 피부를 유지할 수 있고, 건강미와 멋있는 피부색을 뽐낼 수 있을 것이다.

　　태양에서 지구 표면에 내리쬐는 빛은 그 파장이 짧은 자외선(190~400nm), 가시광선(400~780nm), 적외선(780nm 이상) 등으로 나누어진다. 태양의 복사 에너지 가운데 자외선은 6%, 가시광선은 52%, 그리고 적외선은 42% 정도이다.

　　한여름 바다와 산에서 지나치게 햇볕을 쬐면 피부가 검게 그을고 화상으로 물집이 생긴다. 이것은 태양빛에 포함된 자외선 때문이다. 파장이 짧은 자외선은 적외선과 가시광선보다 생체에 미치는 영향이 크다. 동일한 자외선이라도 파장이 짧을수록 생리 작용이 강해진다.

이와 같은 생리 작용의 강약에 의해 자외선은 파장이 긴 것부터 A-자외선(400~320nm), B-자외선(320~280nm), C-자외선(280~190nm)으로 분류된다. 빛의 파장이 짧은 C-자외선은 가장 생리 작용이 강하고 살균력도 강하다. 다행스럽게도 지구를 둘러싼 대기의 상층부에는 오존층이 존재하며, 이 오존층에 의해 C-자외선이 흡수·차단되기 때문에 생물들은 지구상에서 안전하게 살아갈 수 있다.

최근 대두되고 있는 오존층 구멍(ozone hole) 문제도 인류가 사용한 프레온 가스 등이 고도 25km 전후의 성층권까지 상승하여 그 곳에 존재하는 오존층을 파괴하여 지상으로 내리쬐는 C-자외선의 양을 증가시켜 피부암과 유전자 결함을 일으킬 것을 염려하는 것이다.

A-자외선과 B-자외선은 생명에 해를 미칠 정도로 강한 생리 작용은 하지 않는다. B-자외선은 피부의 화끈거림과 화상으로 물집이 생기게 하며, 그로부터 수일 후에 멜라닌(고분자 화합물) 색소를 증가시켜 색소 침착을 일으킨다. 이러한 현상을 선번(sunburn)이라고 한다. A-자외선은 유리를 통과하며 피부의 진피 망상층에까지 침투하여 표피에 있는 엷은 색의 멜라닌 색소를 진한 상태로 변화시킨다. 이것을 선탠(suntan) 현

상이라고도 한다. 물론 이것은 진피 깊숙이 침투하여 피부 탄력을 유지시켜주는 조직에 영향을 주어 주름살 또는 늘어짐의 원인이 되는 것으로 밝혀져 있다.

선탠과 선번 현상 등을 통틀어 '햇볕에 그을렸다'고 하는데, 자외선에 피부가 노출되면 표피의 멜라노사이트(melanocyte: 색소 형성 세포)가 멜라닌이라는 검은 색소를 생성하여 자외선을 차단하기 위한 스스로의 방어 작용을 한다. 검은 피부나 머리카락의 색소 성분인 멜라닌은 자외선을 흡수하여 에너지를 분산시키는 역할을 함으로써 피부 분자 구조의 손상을 막아준다. 그러나 피부가 하얀 백인의 경우는 유색 인종에 비해 멜라닌 색소가 적기 때문에 피해가 더 심하다.

자외선에 의한 피해는 단·장기적인 것으로 나눌 수 있다. 단기적인 것은 햇볕에 그을리는 것으로 자외선에 노출된 후 비교적 짧은 시간 동안에 일어난다. 한편 장기적인 영향은 피부 표면의 수분을 빼앗아가 피부를 건조시켜 주름이 많은 상태로 만들어 노화를 촉진한다.

햇볕에 그을리는 것을 방지하기 위한 대책으로 이용되고 있는 제제(製劑)에는 2종류가 있다. 하나는 햇볕에 의한 그을음(선탠, 선번)을 방지하기 위한 자외선 차단이 목적인 선스크린(sun screen)제(자외선 차단제품)이다. 다른 것은 화상에 의한 물집과 따끔거리는 느낌 없이 거무스름한 피부로 만들기 위한 선탠 크림 종류이다.

자외선 차단제는 화학적 작용에 의한 자외선 흡수제(UVabsorbent)와 물리적 작용에 의한 자외선 산란제(UV-dispersion)로 분류된다. 이들 화장품에 적용하는 중요한 조건은 독성을 나타내지 않고 피부에 안전성이 높을 것, 자외선 방어능이 클 것, 자외선 흡수제 자신의 분해 등의 변화가 없이 안정할 것, 그리고 화장품 중에 다른 배합성분과 융화성이 좋을 것 등이다.

자외선 흡수제는 주로 유기계의 화학물질이며 흡수한 자외선 에너지를 열 등의 다른 에너지 형태로 변화시켜 방출하므로 피부에 장해를 끼치지 않는다. 자외선의 흡수파장 영역에 의해 UVA 흡수제(320~400nm의 자외선을 흡수)와 UVB 흡수제(290~320nm의 자외선을 흡수) 등으로 대별할 수도 있다.

자외선 흡수제로 햇볕에 의한 그을림 방지 목적으로 이용되는 선스크린제는 A-, B-자외선을 모두 흡수하는 화합물이고, 선탠제는 A-자외선은 통과시키지만 B-자외선은 통과시키지 않는 물질을 사용한다. 현재 화장품에 사용되는 주된 자외선 흡수제는 화학적 구조상 벤조페논(benzophenone)계, 파라아미노벤조산(para aminobenzoic acid)계, 메톡시신남산(methoxy cinnamic acid)계, 살리실산(salicylic acid)계, 그리고 디벤조일 메탄(dibenzoyl methane)계 등으로 분류할 수도 있다.

자외선 산란제는 자외선을 반사 또는 산란시키는 무기물 분체인 산화아연, 산화티타늄, 산화철, 산화크롬, 산화코발트, 산화주석, 활석(talc) 그리고 카올린(kaolin) 등이 보고되어 있다. 실제로는 산화아연, 산화티타늄, 산화철, 활석, 카올린 등이 사용된다. 자외선 산란제로 안료의 광학적인 성질을 결정하는 인자는 굴절률(안료의 굴절률이 클수록 표면 반사가 커서 자외선을 잘 반사), 입자 크기(입자 크기가 작을수록 광의 산란효과가 증가) 등이며, 이들을 고려할 때 산화티타늄은 미립자로 분쇄·이용함으로써 양자의 이점을 겸비한 우수한 소재이다. 물론 미립자화에 의해 피부에 도포하였을 때 하얗게 보이는 것이 없어졌고, 유액 또는 크림 등과의 고배합도 가능해졌다.

여기서 자외선 방어용 기초 및 메이크업 화장품에 대해 간략하게 살펴보자. 자외선 흡수제는 일반적으로 유용성의 것이 많고 다량으로 배합된 경우 제품에 유분이 많아 사용감이 좋지 않기 때문에 기초 화장품에 있어서도 산화티타늄 혹은 산화아연을 배합하는 경우가 많다.

자외선을 방어하기 위한 메이크업 화장품에는 파운데이션(foundation)류가 많다. 이것의 기본적인 기능은 피부색을 변화시키거나 피부에 윤기와 생기를 주고, 또한 투명감을 주거나 기미, 주근깨 등을 커버하는 것이었지만, 최근에는 자외선으로부터 피부를 보호하는 것도 중요한 기능의 하나로 등장했다. 이 화장품은 자외선 방지효과가 있고, 땀과 물에 강하고, 얼룩이 지지 않으며 산뜻한 사용감이 있어야 된다.

그런데 이들 차단제도 사람에 따라서 다르게 작용할 수 있기 때문에 어떤 사람에게는 알레르기 반응을 일으킬 수도 있다. 그러므로 일상생활에서 적당량의 햇빛을 쬐면서 자신에게 적당한 자외선 차단제를 선택하여 피부를 가꾸는 것이 건강

관리에 효과적이다. 이처럼 광의 성질을 이해하고, 이것을 효율적으로 이용하는 지혜를 터득하는 것은 삶에 필수적이다.

자외선은 분자를 파괴시킬 정도의 에너지를 가지고 있는데, 분자의 파괴가 유전정보 물질인 DNA에서 일어날 때에는 변이(mutation)가 일어난다. 변이로 인해 피부에 검버섯, 주름, 노화 등이 일어나는데, 심하면 피부암으로까지 발전한다. 그러나 햇빛을 너무 적게 받아도 구루병-뼈가 물러져서 다리가 휘거나 기형이 되는 병-에 걸리게 된다. '햇빛을 적당하게 쬐면 구루병이 예방된다'는 것은 햇빛이 비타민 D의 합성을 돕고 비타민 D가 칼슘의 흡수를 돕기 때문인 것으로 밝혀졌다.

자외선 차단 효과는 무방비 피부에 대한 자외선 차단제의 방어 비율을 나타낸다. 맑은 날 낮 시간에 20분간 태양빛에 노출된 백색 피부는 화상을 입어 24시간 경과 후에도 붉은 반점이 존재할 수 있다. 이와 같이 피부에 붉은 반점이 나타나게 하는 가장 짧은 시간을 MED(Minimum Erythemal Dose: 최소 홍반량)로 표현하며 MED는 노출시간과 태양빛의 세기에 따라 달라진다. 보호되지 않는 피부와 자외선 차단제로 보호된 피부가 각각 MED에 도달하는 시간비를 보호율(PF, protecting factor)이라 한다.

$$PF = \frac{\text{보호된 피부의 MED}}{\text{보호되지 않은 피부의 MED}}$$

PF=10인 자외선 차단제를 사용하면, 그렇지 않았을 때보다 10배 더 긴 시간 태양빛에 노출되어야 같은 효과를 받게 된다. 이것을 심도 있게 논의하려면 피부와 태양광에 대해 다른 각도에서 살펴보는 것이 필요하다.

자외선은 피리미딘(pyrimidine) 두 분자를 연결하여 이합체(dimer)로 만듦으로써 DNA가 관여하는 유전인자를 손상시킨다. 정상인의 피부 세포에는 자외선에 의해 손상된 피부를 치유하는 효소가 있다. 그러나 이 효소가 부족하거나 문제점을 가지고 있으면 피부에 장해가 발생할 확률이 높아진다.

인간의 피부색은 출생지 태양빛의 세기와 일치하도록 되어 있다. 인간은 태어날 때 멜라닌 색소를 갖고 태어나는데 그 양은 백인-황색인-흑인 순으로 증가한다. 그러나 거대한 민족 이동은 이 균형을 깨뜨렸다. 더운 지방의 백인은 피부 화상과 피부암으로 고통 받고, 추운 지방의 흑인 또는 검은 천으로 얼굴을 가리고 살아가는 여인들은 비타민 D 결핍증에 잘 걸린다.

그런데 멜라닌은 일반적으로 2단계에 걸쳐 태양빛과 반응한다. 첫 단계에서는 피부 표면에 있는 산화되지 않은 옅은 색의 멜라닌이 태양빛에 의하여 암갈색으로 변하면서 산화된다. 이 반응은 한 시간 이내에 일어나며 피부를 그을리게 하고 하루가 지나면 흔적이 사라지게 된다.

둘째 단계에서는 피부 단백질에 풍부하게 존재하는 티로신(tyrosine: 아미노산의 일종)으로부터 새로운 멜라닌이 합성된다. 햇볕에 노출하는 시간이 길어질수록 멜라닌 합성이 많아지고,

또 이 고분자 화합물의 길이가 길어져 더 진한 색을 띠게 된다. 이와 같이 생성된 멜라닌 색소는 오랫동안 지속된다.

물론 태양빛 없이 피부를 갈색으로 만들어 주는 처방도 가능하다. 이것은 디히드록시아세톤(dihydroxyacetone)과 같은 화합물을 첨가하여 피부 단백질과 반응하게 함으로써 인위적으로 피부를 갈색으로 만드는 것이다.

여러 측면에서 평소에 피부를 가꾸지 않으면 생길 수 있는 피부암 중에 흔하지 않지만 위험한 것은 흑색종(melanoma)이다. 1920년대 이후 흑색종으로 사망하는 사람이 늘고 있다. 희생자는 다양한 부류에 걸쳐 분포하고 여성보다 남성이 더 많다. 흑색종은 햇볕에 노출되면 증가하지만 노출되지 않은 신체 부위에서도 발생한다.

자연의 건강관리사, 색채

　젊은이들 사이에서는 거무스름하게 선탠한 피부가 유행하기도 하지만, 많은 여성들은 희고 고운 피부를 유지하고 싶어 한다. 그래서 온갖 형태의 미백 화장품들이 소비되고 있다. 여기에서는 피부에 미치는 자극과 피부 관리 차원에서의 색채의 특성 등에 대해 살펴볼 것이다.

　피부 그을림은 피부 세포의 분자가 빛 에너지에 의해 화학적으로 변화하는 광화학반응의 일종이다. 그러므로 자외선이 피부와 상호작용할 때 멜라닌이 생성되어 흡수가 제대로 되면 피부가 적당히 검어지고, 그 이상으로 피부가 상처를 받는 일 없이 건강한 수준의 그을림, 즉 선탠이 된다. 그런데 피부가 이렇게 반응할 수 있는 정도를 넘어선 자외선에 노출되면 피부는 붉게 부르트거나 통증이 따르는 병적인 그을림(선번)이 된다.

이와 같이 햇볕에 의한 피부의 그을림과 달리 극히 적은 광선에도 피부에 문제를 일으키는 것을 '광선 과민증(光線過敏症)'이라 한다. 광선 과민증에는 화장품에 들어간 향료, 연고에 들어간 살균제, 식품에 함유된 엽록소 등이 광화학반응을 일으켜 피부에 자극을 주는 물질로 바뀌어 문제를 일으키는 경우(광 독성)와 피부 내 물질이 빛에 의해 화학적으로 변화하여 단백질과 결합한 것을 몸이 원인 물질(allergen)로 인식하여 알레르기 반응을 일으키는 경우(광 알레르기) 등이 있다.

광 알레르기를 포함한 일반적인 알레르기 반응은 다음과 같은 방식으로 발생한다. 우리 몸 안에 어떤 새로운 물질이 침입하면 몸은 그것을 이물질(異物質, 항원)로 인식하고 이것을 물리치기 위해 항원과 결합하는 항체라는 물질을 만들어낸다. 항체는 항원에 꼭 달라붙어서 항원이 몸에 자극을 주는 것을 억제하고, 또 항원 자체를 파괴하도록 작용한다.

이 반응이 좋은 방향으로 작용하여 몸을 보호해주는 경우는 이른바 '면역이 생겼다'고 하는 바람직한 상태이다. 그런데 항체의 작용이 지나쳐서 항원을 억제할 뿐만 아니라 히스타민 등의 자극성 물질의 분비를 촉진하여 피부 염증과 같은 다양한 장해를 유발하는 원인이 되는 경우가 있다. 이처럼 몸에 문제를 일으키는 항원·항체반응이 알레르기 반응이다.

동일한 물질이 몸 안에 들어오더라도 이를 항원으로 파악

하고 과민하게 반응하는 항체를 만들어내느냐의 여부는 사람에 따라 다르다. 물론 과민한 항체를 만들어내는 체질을 알레르기 체질이라고 한다.

광 독성과 광 알레르기는 모두 광화학 반응과 관련이 있는데, 광선 중에서도 그을림과 마찬가지로 파장 290~320nm의 자외선이 반응을 일으킨다. 이에 대한 증상으로는 피부가 가려운 정도의 가벼운 것부터 피부가 짓무르거나 물집이 생기는 경우, 오랫동안 반복하여 염증을 일으키면 그 부위에 색소가 침착하여 거무튀튀하게 변하는 경우 등이 있다. 이러한 피부 트러블(trouble)을 피하려면 향수 등 광화학 반응을 일으키는 물질이 원인인 것으로 짐작될 경우 빛이 닿는 부위에는 해당 물질의 사용을 중지한 후 선케어(sun care) 화장품을 사용하고 양산, 모자, 소매가 있는 옷을 착용하는 등 자외선을 차단하는 대책이 필요하다.

이처럼 피부에 문제가 생기면 얇게 저민 레몬을 피부에 얹어 레몬 팩을 하는 미용법도 있는데, 레몬 같은 감귤류에는 솔라렌(psolaren)이라는 물질이 함유되어 있다. 이 솔라렌은 빛과 만나면 독성을 일으키는 물질로 변화하여 피부에 염증이나 피부색이 검게 되는 색소 침착 현상을 일으킬 가능성이 있다. 따라서 레몬을 이용하여 하얗고 고운 피부를 유지시켜주는 미용 효과를 기대하는 사람들이 많지만, 이는 역효과를 초래할 수 있기 때문에 여러 각도에서 신경을 써야 한다.

이와 같이 피부에 미치는 다양한 자극들과 함께 이들을 완화시켜주는 처방전이 많이 알려져 있겠지만, 궁극적으로는 자신의 마음을 잘 다스려야 진정한 미백을 선물로 받을 수 있을 것이다. 이런 측면에서 마음을 차분하게 유지함으로써 깨끗한 피부를 유지시켜주는 방법 중의 하나로 색채의 특성 및 이와 관련된 현상을 중요한 변수로 논의할 수 있을 것이다.

요즘 자신의 연령에 맞는 색채를 활용해 인체의 바이오리듬을 효과적으로 조절해주는 색채 이용법이 다양하게 소개되고 있다. 한 연구 분석은 '색은 눈과 호흡기관·피부를 통해 신체에 흡수돼 건강에 영향을 미치는 한편, 내면적인 정신·감정에도 작용하여 사람의 기분·영혼을 조율하는 중요한 요소'라 밝힌 바 있다. 즉, '컬러를 기반으로 한 색채 명상(冥想)을 통해 인체에 도움이 되는 강력한 에너지를 얻을 수 있다'는 것이다. 이런 기초 위에 바이오리듬 컬러를 선택·활용해 인체에 긍정적인 에너지를 생성시키는 '개인적 색채 체계'(personal color system)라는 진단법 등이 소개되고 있다.

이런 자료에서도 알 수 있는 것처럼 색채의 중요성은 앞으로도 점차 강조될 것이다. 물론 색채와 연관지어 인체의 바이오리듬을 이용하면 피부 미용은 자연스럽게 해결될 것이다. 그렇게 되면 저절로 피부는 싱싱함을 유지하면서 얼굴의 잔주름에도 이별을 고할 수 있을 것이다.

색깔에 대한 실질적인 예를 들어 건강 유지법을 숙고하는 것도 의미가 있을 것이다. 여기에서는 우선 녹색 계열의 초록
－자연이 주는 푸르름을 통칭하는 명칭으로 여겨지는 것－을

중심으로 더듬어 볼 것이다.

이 초록은 무엇보다도 자연의 섭리를 모두 내포하고 있는 색으로서 안락함과 편안함, 친밀감과 포근함을 선물한다. 그러나 우리 주변에서 초록과 접할 수 있는 기회가 감소하면서 심신의 질병이 많이 발생하고 있다. 여러 가지 친숙한 자연의 색과 쉽게 마주칠 수 있던 옛날에는 화장품을 별로 이용하지 않았지만 윤기 나는 깨끗한 피부를 가꿀 수 있었다.

특히 '초록이 눈의 건강에 좋다'는 것은 예부터 알려져 있다. 수술실의 색깔이 흰색에서 초록으로 바뀐 것도 과학적 근거에 기초한 것이다. 실질적으로 색채 과학적 측면에서 살펴보면 흰색은 눈의 시야에서 벗어나 있어도 감지가 되지만, 녹색은 시야각(視野角)이 가장 좁아 시야 중심에서 벗어나면 감지되지 않는다. 그래서 녹색의 숲에 들어가면 눈이 편안해지고, 피부가 되살아나는 느낌을 만끽할 수 있는 것이다.

어떤 색채학자에 의하면 '초록은 생리적으로 부갑상선에 작용해 초록의 휴식을 주는 것만으로도 바이러스 감염 증세를 막을 수 있고, 화학적으로 이것은 질소 기체에 상당하여 안정감을 제공할 수 있다'고 했다. 또한 '초록은 신장이나 간장에 작용하여 오염된 공기나 음식 등을 중화시키는 힘을 가지고 있어 건강 회복 및 치료를 촉진시킨다'고도 한다.

만물을 소생시키는 물은 격렬한 반응성을 가진 산과 염기의 중화반응에 의해 생성되고, 산과 알칼리의 중간(pH=7)인 성질을 가진다. 초록도 파장 범위의 중간 부분인 500nm에 위치하고 있어 물처럼 중립적인 색깔이라고 할 수 있다. 이때 중립적이라는 것은 온도와 관계된 것으로 빨강이 뜨거운 것, 파랑이 차가운 것을 상징하는 것에 반해, 녹색은 중간 위치에서 편안함과 친밀감을 선사함으로써 인간의 상실감을 극복할 수 있게 해주는 안온감(安穩感)의 색이라 할 수 있다.

건강 유지와 관련된 색채의 구체적인 두 번째 실례로 주황색을 살펴보자. 달콤한 맛과 부드러운 맛을 느끼게 해서 식욕을 촉진시키기 때문에 음식과 관련된 분야의 성공색(成功色)이라고 할 수 있는 주황색(orange)의 신비계를 몇 가지 측면에서 추적·분석하면 다양한 색깔이 더욱 정겹게 느껴지며, 피부 미용을 포함한 건강 관리에 많은 도움이 될 것이다.

주황색은 강장제의 효과가 있고, 무기력증을 치료하는 데 도움을 주는 색으로 알려져 있다. 또한 주황은 원기, 희열, 풍부, 건강, 가을 양기, 성취, 그리고 약동 등의 연상 작용을 불러일으키는 색이다. 희열과 약동이 숨쉬게 되면 피부는 저절로 아름답게 피어날 것이다.

이처럼 빨강의 화려함, 흥분과 열정, 그리고 노랑의 따스한 행복감을 겸비한 것으로 활동적이고 즐거운 색이 주황색이다. 오렌지의 싱그러움과 이국적인 화려함은 개성을 추구하는 사람들의 감성을 끌어당기기에 충분할 것이다. 이러한 색깔들이 유혹하는 계절에 제주도를 찾는 다양한 관광객들은 풍부함과 성취감에 활력을 회복할 수 있을 것이다.

패션 분야에서도 주황은 도시적 이미지로부터 열대의 고요

함이나 저녁 노을 같은 이미지를 표현할 수 있으며, 다른 색의 첨가를 통해 다양한 기호와 개성에 맞도록 완화시킬 수 있다.

이 색은 그 자체의 색조와 명암으로 배색(配色)하거나 또는 보색과의 배색이 용이하다는 장점이 있다. 파랑과 주황은 다른 색에 비해 낮은 채도(彩度, saturation: 색의 순도로 맑고 탁한 정도를 말하며, 한 색상에서 채도가 가장 높은 색을 원색이라고 함)를 가지고 있으므로 서로 배색되었을 때 최상의 선물로 탄생할 것이다.

채도가 낮은 밤색 계열의 주황은 신뢰감과 신중함, 연한 주황과 연한 회색의 배색은 조용함과 우아함을 뿜낸다. 주황과 연두색의 배색은 열대풍, 밤색 계열의 주황과 짙은 파랑의 것은 도시풍을 느끼게 한다.

주황색을 좋아하는 사람들은 대체적으로 개방적이며 적극적인 성향이 강하다. 또한 이들은 여러 모임에 꼭 참석하며, 다양한 계층들과도 잘 어울리는 탁월한 사교성을 지니고 있다. 이런 측면에서 주황색은 21세기의 통솔력의 색이라 해도 손색이 없으며, 젊음의 활력과 창조정신을 표출하기에 적합한 색으로 고려할 수 있을 것이다.

화장품과 피부미용에서의 색채

    화장품은 사용 부위, 사용 목적, 또는 제품의 구성 성분 및 형상 등에 의해 여러 가지로 분류되며, 일상적으로 자주 사용되는 기초 화장품(스킨케어 화장품), 메이크업 화장품(색조 화장품), 바디케어(body care) 화장품(신체 세정 화장품), 헤어케어 화장품, 구강용 화장품, 방향성 화장품 등으로 화장품 분류표처럼 나눌 수도 있다.

    스킨케어 화장품은 주로 얼굴에 이용하며, 그 사용 목적에 따라 세정, 정돈, 보호로 구분된다. 메이크업 화장품은 마무리 화장품이라고도 하며, 사용 목적에 따라 베이스 메이크업과 포인트 메이크업으로 나뉜다. 바디케어 화장품은 주로 얼굴 이외의 피부, 즉 몸에 사용하는 화장품을 말한다. 이에는 선스

분류	사용 목적	주요 제품
피부용		
스킨케어 화장품	세정	세안 크림·폼
	정돈	화장수, 팩, 마사지 크림
	보호	유액, 수분 크림
메이크업 화장품	베이스 메이크업	파운데이션
	포인트 메이크업	입술연지, 볼연지, 아이섀도, 아이라이너, 매니큐어
바디 케어 화장품	목욕용	비누, 액체 세정용, 입욕제
	자외선 방어	선스크린 크림, 선오일
	지한, 방취	데오도란트 스프레이
	탈색, 제모	탈색, 제모 크림
	방충	방충 로션·스프레이
두발·두피용		
헤어 케어 화장품	두발용	세정	샴푸
		트리트먼트	린스, 헤어 트리트먼트
		정발	헤어 무스, 헤어 젤, 포마드
		퍼머	퍼머 로션
		염색, 탈색	헤어 컬러, 헤어 블리치, 컬러 린스
	두피용	육모, 양모	육모제, 헤어토닉
		트리트먼트	두피 트리트먼트
구강용		
구강용 화장품	치마제	치약
	구강 청량제	구강 세척액
피부·의복용		
방향 화장품	방향용	향수, 오데콜롱

일상적으로 사용하는 화장품의 종류

크린 화장품, 선탠 화장품, 땀 제거 및 방취 화장품, 불필요한 털을 탈색 또는 제거하는 제품, 비누, 핸드케어, 그리고 목욕용 화장품 등이 있다.

기초 화장품의 궁극적 기능은 피부의 유수분 공급으로 피부 균형을 유지하는 데 있다. 유수분의 균형은 피부 건조를 방지하고 유연성을 부여하여 매끄럽고 촉촉한 건강한 피부로 가꾸는 데 중요한 역할을 한다.

메이크업 화장품은 기초 제품 사용 후 얼굴이나 손톱 등 신체에 도포하여 색채감을 부여함으로써 피부색을 아름답게 표현하고, 기초 제품으로 커버할 수 없는 피부 결점을 보이지 않게 가꾸는 단계이다. 이 화장품은 얼굴 전체의 피부색을 균일하게 정돈하거나 기미, 주근깨 등 피부의 문제점을 커버하여 피부를 건강하고 아름답게 손질하기 위한 베이스 메이크업과 입술, 눈, 볼이나 손톱 등에 국부적으로 색채를 강조하거나 음영을 주어 입체감을 연출하여 자기 주장을 자연스럽게 표출하는 포인트 메이크업으로 분류할 수 있다.

베이스 메이크업으로는 파우더류 및 파운데이션류 등을 고려할 수 있으며, 파운데이션은 그 형태에 따라 액체 타입, 크림 타입, 스틱 타입 등으로 분류할 수 있다. 파운데이션의 기능은 주로 피부 결함을 커버하여 매끈하게 보이도록 하는 것으로, 본래의 피부색과 도포했을 때 피부색의 차이가 적어야 한다.

산화아연과 산화티타늄은 독성이 없고 피복력과 밀착력이 뛰어나 피부의 결점을 잘 가릴 수 있다. 또한 활석과 운모

(mica)분과 같은 점토 광물은 착색 안료를 분산시켜 피부에 부착되면 매끄러운 감촉과 적절한 윤기를 준다. 이러한 안료를 체질 안료라고 한다.

그 외에 파운데이션에 요구되는 기능으로 피부의 지방과 땀을 흡수하여 번들거리는 광택을 없애고 화장 부스러기가 생겨 뭉치지 않도록 하기 위해 점토의 일종인 카올린과 탄산칼슘 등도 배합된다.

또한 자연스런 피부색을 연출하기 위해 백색 안료에 적색, 황색 혹은 흑색의 것을 적당하게 배합한다. 이들 개개의 색에 상당하는 것은 해가 없는 다양한 산화철을 주로 사용한다.

이외에 다양한 색조 화장을 위해 새로운 색재도 여러 가지 이용되고 있다. 예를 들면 진주(pearl) 광택을 가지고 있는 안료로는 산화티타늄의 박막으로 덮힌 운모 분말, 창연 산염화물(bismuth oxychloride) 분말 등이 있다. 특히 산화티타늄은 성능이 뛰어난 백색 안료인 동시에 화장품에 있어 중요한 자외선 방어 기능을 가지고 있기 때문에 분말화한 산화티타늄이 화장품 안료로 주목을 받고 있다.

이처럼 자연스러운 피부색을 연출할 수 있도록 다양한 색조 화장품들이 개발되고 있다. 더구나 자신의 개성과 건강미를 잘 표출하기 위하여 많은 사람들은 특색 있는 파운데이션과 자외선 차단제 등을 적극적으로 찾고 있다.

포인트 메이크업에는 립스틱, 볼터치(볼연지), 아이섀도(eye shadow), 아이라이너, 매니큐어 등이 있다. 여기서 입체감을 연출하여 자신을 돋보이게 하는 데 색채가 중요한 위치를 차지함을 새삼스럽게 느낄 수 있을 것이다.

립스틱은 여성들이 자신만의 색깔을 표현하는 데 더없이 좋은 화장품이다. 립스틱은 입술에 도포하여 색채와 광택을 주는 목적으로 사용하고, 부가적으로 추위나 건조 등으로부터 입술을 보호하는 작용도 한다. 일반적인 립스틱은 유제에 착색료를 분산 또는 용해시켜 부드럽고 신축성 좋은 막대 모양으로 만들어진다. 이때 필요에 따라 향료, 산화 방지제, 그리고 방부제 등이 첨가될 수 있다. 최근에는 유제에 수분과 보습제를 균형 있게 배합한 유화형 립스틱 등도 이용되고 있다.

착색료로는 천연 색소인 잇꽃(주성분: 카르타민) 및 카민과 타르 합성 색소 등이 사용되고, 타르에는 염료 외에 불용성 안료와 레이크(lake)가 있다. 지치 뿌리에 포함되어 있는 보라색 색소인 시코닌(shikonin)을 착색료로 사용한 '바이오립스틱'도 인기를 끌고 있다. 그러나 천연의 지치 뿌리는 자연 생산에 어려움이 많아 화장품 원료로는 충분하지 않다. 립스틱에 이용되고 있는 시코닌은 지치 뿌리의 조직 배양이라는 생물공학 기술에 의해 대량 생산된 것이다. 이 때문에 '바이오립스틱'이라는 별명을 얻었다.

색상이 변색되는 립스틱도 개발되었는데, 그 원리는 에오신(eosin)이라는 선홍색의 산성 색소를 사용하는 데 있다. 에오신은 색이 연하지만 입술에 있는 단백질과 반응하면 선홍색이 짙어진다. 즉, 립스틱 상태에서 이 염료의 색상은 다른 색의 안료에 의해 감추어져 안료색만 보이게 된다. 그러나 일단 에오신이 함유된 립스틱을 입술에 바르게 되면 진한 선홍색으로 변한다. 이와 같이 색상이 변하는 염료는 염기성에서는 사용할 수 없으므로 산성이 유지되도록 구연산(citric acid) 또는 젖산(lactic acid)을 첨가한다.

품질상으로 좋은 립스틱이 되기 위한 조건으로는 색상이 균일하고 용이하게 발릴 것, 윤택이 나지만 기름기가 있는 것처럼은 보이지 않을 것, 어느 정도 고온에서도 녹지 않고 형태를 유지할 것, 낮은 온도에서도 깨짐과 부스러짐이 없고 사용감이 좋을 것, 빛, 수분, 공기에 노출되어도 안정적일 것, 그리고 독성이 없고 자극적이지 않으며 맛이 중성일 것 등이 만족되어야 한다.

입술은 보통의 피부보다도 각화가 불완전해서 비교적 얇고 멜라닌 색소가 없기 때문에 모세혈관이 비쳐서 일반적으로는 적색을 띠고 있다. 그러나 개인에 따라 입술 자체의 색도 조금씩 다르기 때문에 피복력이 있는 밑바탕(base coat) 제품들이 준비되어 있다. 그러므로 립스틱을 바르기 전에 이것으로 밑바탕을 정리한 후 그 위에 자신이 좋아하는 립스틱을 칠하면 자신이 원하는 색을 더욱 선명하게 뽐낼 수 있을 것이다.

립스틱의 이면에도 흥미로운 다양한 변화사가 포함되어 있다. 초기에는 산-염기 지시약인 카민을 사용하여 붉은 색을 만들었다. 1920년대에는 지워지지 않는 립스틱이 소개되었지만 1960년대에는 입술에 창백한 느낌을 주는 것이 유행하게 되어 지워지지 않는 립스틱이 인기를 잃었다.

립스틱과 함께 볼연지는 건강한 얼굴색을 만드는 주역으로, 유색 안료, 백색 무기 안료, 또는 진주 안료 등을 착색 안료로 하여 각 종의 기제에 분산시킨 것이다. 볼연지를 볼에 옅게 도포하면 안색이 건강하고 밝은 느낌을 주고, 안면에 음영을 주어 얼굴의 입체감이 높아진다.

입술처럼 다른 부위의 피부색도 사람과 연령에 따라 상이하다. 일반적으로 피부색 보정용 파운데이션을 이용할 때, 붉은 얼굴의 사람은 붉은 느낌을 억제할 목적으로 초록조절색(green control color)을 일반적으로 이용할 것이다. 이것은 혼색의 원리로, 채도를 낮추고 명도(색의 밝기: 명도 0의 검정에서 명도 10의 하양까지 11단계로 나눔)를 높여 자연스러움과 투명감을 제공하는 마무리 효과에 적당할 것이다. 또한 초록 안료의 흡수 특성상 '광원의 차이에 의해 색이 그다지 다르게 보이지 않는다'는 효과도 기대할 수 있다.

피부색은 연령이 증가하면 황색에서 명도가 낮아지는 경향이 있지만, 이것을 보정하기 위해 연분홍색(pink)을 이용하는 것도 효과적일 것이다. 즉, 누르스름해진 피부색에 붉은 빛이 도는 색을 가하면 명도를 높이고 채도를 낮추는 작용을 한다. 파운데이션의 색조 자체를 살펴보아도 30세를 넘기면서 핑크 또는 아몬드계의 색을 선호하는 층이 증가하는 것도 이와 같은 맥락에서 받아들여야 할 것이다. 또한 주황, 노랑, 자주색 등도 조절색(control color)으로 이용하면 자기만의 아름다운 피부색을 만들 수 있을 것이다.

 마지막으로 화장품과는 다소 거리가 있지만, 피부관리라는 측면에서 자연 및 문명과 관련된 색채요법(colortherapy: 대체·보완의 한계를 뛰어넘은 새로운 의료의 한 분야)에 대해 살펴보기로 한다.

 우리들은 어떠한 대상을 선택할 때 색깔의 영향을 받게 된다. 색깔의 차이 때문에 선택과 거부를 하게 되는데, 무엇 때문에 이러한 현상이 나타나는 것인가? 이는 색깔의 근원이 빛에 있고, 이러한 빛은 단순한 빛이 아닌 '에너지를 함유한 빛'이기 때문이다.

 한 가지 예로 파랑색이 존재하면 인간의 눈은 파랑색이라는 색깔만을 인지하게 되지만, 눈을 제외한 나머지 신체기관들은 파랑색이 발산하는 에너지, 즉 '파란빛의 에너지'를 받으며, 이로 인해 인체는 수용 또는 거부로써 그 반응을 표현하게 된다. 이것은 색깔과 인체 사이에서 일어나는 에너지의 교류이며 상호작용인 것이다.

 인간의 몸을 둘러싸고 있는 '7가지 에너지의 중심'을 샤크라(chakra)라고 하는데, '빨-주-노-초-파-남-보'의 7가지 빛은 발끝부터 머리까지의 각 에너지 중심을 나타낸다.

 색채요법은 바로 이러한 개념을 토대로 하고 있으며, 그 구체적인 실행 방법으로 오라-소마(Aura-Soma)라는 인체 치유 시스템을 접목시키는 것이다. 본능에 자연스럽게 반응함으로써 인간 내면의 성찰을 유도하는 오라-소마는 정신적 건강을 위한 조력자이며, 에센셜 오일(essential oil)은 육체적 건강을 위한 도우미이다.

여기서 "자연의 위대함이 '조화'에 있다면, 문명에 바탕을 둔 인간의 생활은 시스템을 통한 '조절'에 있다"는 사실을 유념해야 한다. 자연과 융화되는 문명의 완성이 인간의 숙명이라면, 문명 속의 인간은 조절이라는 시스템으로써 자연의 조화에 다가갈 수 있을 것이다.

이런 측면을 승화시켜 최근에는 여러 가지 색깔의 빛을 적용하여 피부미용 영역에도 색채요법이 등장·이용되고 있다. 피부미용도 피부가 자연과 동화될 때 자신의 자리를 확보할 수 있을 것이다. 즉, 피부미용에서 색채요법은 '개개 색의 빛이 가지고 있는 진동수가 달라 인간의 정신과 육체에 각기 다른 영향을 미친다'는 점을 피부관리에 이용한 것이다.

일례로 이 원리는 여드름 치료에 적용할 수 있다. 여기서 색채요법은 붉은 빛을 여드름이 난 부위에 쪼여 독소가 피부 밖으로 배출되게 한 다음에 푸른빛을 조사하여 피부를 진정시키는 과정을 도입하는 것이다.

맺음말

빛이 자연에 제공한 선물 중의 한 가지가 바로 색이다. 이 색은 눈에 보이는 것보다 훨씬 고차원의 과학적 의미를 인간에게 전달하는 심부름꾼(messenger)이다. 각양각색의 색들은 자기 고유의 에너지를 저장하고 있다. 이 에너지를 이용할 수 있는 우리의 기술 개발의 척도에 따라 문화와 문명이 윤택해지는 정도가 달라진다. 이런 측면에서 현대를 살아가는 인간에게 빛과 색은 대단히 중요하다.

이처럼 태양광은 인류의 생존에 필수적이지만 유해성도 내포하고 있다. 이 빛의 유해작용은 피하면서 인간의 삶에 도움이 되는 것은 효과적으로 이용할 수 있는 지혜를 터득해야 된다. 그리고 색에 대한 기본적인 지식의 바탕 위에 과학적이고 체계적인 연구를 통해서 인간의 삶의 질을 향상시키는데 이 색이 적극적으로 활용될 수 있도록 전력투구하는 것은 우리의 의무일 것이다.

이런 현실과 관련하여 컬러리스트(colorist), 색채요법, 광통신, CD(Compact Disc)와 DVD(Digital Versatile Disc), CCD (Charge Coupled Device), 포토크로미즘(photochromism), 싱크로트론(synchrotron), 광촉매, 광분석기기 분야 등이 21세기에 새로운 가치관과 생명과학 영역을 확보할 것이다.

참고문헌

변종철, 『신비계의 화학적 규명(II)』, 대선, 2003.

주란, 한정아, 『최신 미용 색채학』, 정문각, 2004.

岩波洋造, 『광합성의 세계』, 아카데미서적, 2000.

桑島幹, 川口幸人, 이규원 옮김, 『빛과 색의 신비』, 한울림, 2003.

上野景平, 천만석 옮김, 『생활 속의 화학물질』, 아카데미서적, 1999.

光井武夫, 김주덕 외 옮김, 『신 화장품학』, 동화기술교역, 2004.

B. Kelter, James Carr, Andrew Scott, 화학교재편찬위원회(변종철 외 다수) 옮김, 『화학의 기초』, 북스힐, 2005.

Ben Selinger, 화학교재편찬위원회 옮김, 『생활 속의 화학』, 한승, 2002.

Roy S. Berns, 조맹섭 외 옮김, 『색채학 원론』, 시그마프레스, 2003.

빛과 색 자연이 빚어내는 연금술

| 펴낸날 | 초판 1쇄 2005년 12월 27일 |
| | 초판 3쇄 2015년 4월 14일 |

지은이	**변종철**
펴낸이	**심만수**
펴낸곳	(주)살림출판사
출판등록	1989년 11월 1일 제9-210호

주소	경기도 파주시 광인사길 30
전화	031-955-1350 팩스 031-624-1356
기획 · 편집	031-955-4671
홈페이지	http://www.sallimbooks.com
이메일	book@sallimbooks.com

| ISBN | 978-89-522-0465-3   04080 |

126 초끈이론 아인슈타인의 꿈을 찾아서   eBook

박재모(포항공대 물리학과 교수) · 현승준(연세대 물리학과 교수)

빠르게 발전하고 있는 초끈이론을 일반대중이 이해할 수 있도록 쉽게 풀어쓴 책. 중력을 성공적으로 양자화하고 모든 종류의 입자와 그들 간의 상호작용을 포함하는 모형으로 각광받고 있는 초끈이론을 설명한다. 초끈이론을 이해하기 위해 필요한 양자역학이나 일반상대론 등 현대물리학의 제 분야에 대해서도 알기 쉽게 소개한다.

125 나노 미시세계가 거시세계를 바꾼다   eBook

이영희(성균관대 물리학과 교수)

박테리아 크기의 1000분의 1에 해당하는 크기인 '나노'가 인간세계를 어떻게 바꿔 놓을 것인지에 대한 해답을 제시하는 책. 나노기술이란 무엇이고 나노크기의 재료들은 어떻게 만들어지는가, 나노크기의 재료들을 어떻게 조작해 새로운 기술들을 이끌어내는가, 조작을 통해 어떤 기술들을 실현하는가를 다양한 예를 통해 소개한다.

448 파이온에서 힉스 입자까지   eBook

이강영(경상대 물리교육과 교수)

누구나 한번쯤 '우주는 어디에서 시작됐을까?' '물질의 근본은 어디일까?'와 같은 의문을 품어본 적은 있을 것이다. 물질과 에너지의 궁극적 본질에 다가서면 다가설수록 우주의 근원을 이해하는 일도 쉬워진다고 한다. 이 책은 바로 이러한 질문들의 해답을 찾기 위해 애쓰는 물리학자들의 긴 여정을 담고 있다.

035 법의학의 세계   eBook

이윤성(서울대 법의학과 교수)

최근 드라마나 영화를 통해 일반인의 호기심을 자극하고 있지만 거의 알려지지 않은 법의학을 소개한 책. 법의학의 여러 분야에 대한 소개, 부검의 필요성과 절차, 사망의 원인과 종류, 사망시각 추정과 신원확인, 교통사고와 질식사 그리고 익사와 관련된 흥미로운 사건들을 통해 법의학에 대한 이해를 돕는다.

395 적정기술이란 무엇인가   `eBook`

김정태(적정기술재단 사무국장)

적정기술은 빈곤과 질병으로부터 싸우고 있는 전 세계의 사람들에게 희망을 안겨주는 따뜻한 기술이다. 이 책에서는 적정기술이 탄생하게 된 배경과 함께 적정기술의 역사, 정의, 개척자들을 소개함으로써 적정기술에 대한 기본적인 이해를 돕고 있다. 소외된 90%를 위한 기술을 통해 독자들은 세상을 바꾸는 작지만 강한 힘이란 무엇인가에 대해서 알 수 있을 것이다.

022 인체의 신비

이성주(코리아메디케어 대표)

내 자신이었으면서도 여전히 낯설었던 몸에 대한 지식을 문학, 사회학, 예술사, 철학 등을 접목시켜 이야기해 주는 책. 몸과 마음의 신비, 배에서 나는 '꼬르륵' 소리의 비밀, '키스'가 건강에 이로운 이유, 인간은 왜 언제든 '사랑'할 수 있는가에 대한 여러 학설 등 일상에서 일어나는 수수께끼를 명쾌하게 풀어 준다.

036 양자 컴퓨터   `eBook`

이순칠(한국과학기술원 물리학과 교수)

21세기 인류 문명에서 가장 중요한 요소 중의 하나로 꼽히는 양자 컴퓨터의 과학적 원리와 그 응용의 효과를 소개한 책. 물리학과 전산학 등 다양한 학문적 성과의 총합인 양자 컴퓨터에 대한 이해를 통해 미래사회의 발전상을 가늠하게 해준다. 저자는 어려운 전문용어가 아니라 일반 대중도 이해가 가능하도록 양자학을 쉽게 설명하고 있다.

214 미생물의 세계   `eBook`

이재열(경북대 생명공학부 교수)

미생물의 종류 및 미생물과 관련하여 우리 생활에서 마주칠 수 있는 여러 현상들에 대해, 알기 쉽게 풀어 설명한다. 책을 읽어나가며 독자들은 미생물들이 나름대로 형성한 그들의 세계가 인간의 그것과 다름이 없음을, 미생물도 결국은 생물이고 우리와 공생하고 있다는 사실을 알 수 있을 것이다.

375 레이첼 카슨과 침묵의 봄　eBook

김재호(소프트웨어 연구원)

『침묵의 봄』은 100명의 세계적 석학이 뽑은 '20세기를 움직인 10권의 책' 중 4위를 차지했다. 그 책의 저자인 레이첼 카슨 역시 「타임」이 뽑은 '20세기 중요인물 100명' 중 한 명이다. 과학적 분석력과 인문학적 감수성을 융합하여 20세기 후반 환경운동에 절대적 영향을 준 레이첼 카슨과 『침묵의 봄』에 대한 짧지만 알찬 안내서.

277 사상의학 바로 알기　eBook

장동민(하늘땅한의원 원장)

이 책은 사상의학이라는 단어는 알고 있지만 심리테스트 정도의 흥밋거리로 알고 있는 사람들에게 바른 상식을 알려 준다. 또한 한의학이나 사상의학을 전공하고픈 학생들의 공부에 기초적인 도움을 준다. 사상의학의 탄생과 역사에서부터 실생활에서 적용할 수 있는 간단한 사상의학의 방법들을 소개한다.

356 기술의 역사 _펜석기에서 유전자 재조합까지_

송성수(부산대학교 기초교육원 교수)

우리는 기술을 단순히 사물의 단계에서 생각하기 쉽다. 하지만 기술에는 인간의 삶과 사회의 배경이 녹아들어 있다. 기술의 역사를 통해 우리는 기술과 문화, 기술과 인간의 삶을 연결시켜 생각할 수 있게 될 것이다. 이 책을 읽은 후 주변에 있는 기술을 다시 보게 되면, 그 기술이 뭔가 다른 느낌으로 다가올 것이다.

319 DNA분석과 과학수사　eBook

박기원(국립과학수사연구소 연구관)

범죄수사에서 유전자분석에 대한 관심이 커지고 있지만 간단하게 참고할 만한 책은 거의 없는 실정이다. 이 책은 적은 분량이지만 가능한 모든 분야와 최근의 동향을 소개하고 있다. 특히, 내용의 이해를 돕기 위하여 서래마을 영아유기사건이나 대구지하철 참사 신원조회 등 실제 사건의 감정 사례를 소개하는 데도 많은 비중을 두었다.

eBook 표시가 되어있는 도서는 전자책으로 구매가 가능합니다.

022 인체의 신비 | 이성주

023 생물학 무기 | 배우철 eBook

032 최면의 세계 | 설기문 eBook

033 천문학 탐구자들 | 이면우

034 블랙홀 | 이충환 eBook

035 법의학의 세계 | 이윤성 eBook

036 양자 컴퓨터 | 이순칠 eBook

124 우주 개발의 숨은 이야기 | 정홍철 eBook

125 나노 | 이영희 eBook

126 초끈이론 | 박재모 · 현승준 eBook

183 인간복제의 시대가 온다 | 김홍재

184 수소 혁명의 시대 | 김미선 eBook

185 로봇 이야기 | 김문상 eBook

214 미생물의 세계 | 이재열 eBook

215 빛과 색 | 변종철 eBook

216 인공위성 | 장영근 eBook

225 권오길교수가 들려주는 생물의 섹스 이야기 | 권오길 eBook

226 동물행동학 | 임신재 eBook

258 질병의 사회사 | 신규환

272 의학사상사 | 여인석

273 서양의학의 역사 | 이재담

274 몸의 역사 | 강신익

275 인류를 구한 항균제들 | 예병일

276 전쟁의 판도를 바꾼 전염병 | 예병일

277 사상의학 바로 알기 | 장동민

278 조선의 명의들 | 김호

287 별을 보는 사람들 | 조상호

319 DNA분석과 과학수사 | 박기원

341 하지홍 교수의 개 이야기 | 하지홍

356 기술의 역사 | 송성수

373 꼭 알아야 하는 미래 질병 10가지 | 우정헌 eBook

374 과학기술의 개척자들 | 송성수 eBook

375 레이첼 카슨과 침묵의 봄 | 김재호 eBook

379 어떻게 일본 과학은 노벨상을 탔는가 | 김범성 eBook

389 위대한 여성 과학자들 | 송성수 eBook

395 적정기술이란 무엇인가 | 김정태 · 홍성욱 eBook

415 쓰나미의 과학 | 이호준 eBook

442 소프트웨어가 세상을 지배한다 | 김재호 eBook

448 파이온에서 힉스 입자까지 | 이강영 eBook

458 미사일 이야기 | 박준복 eBook

461 비타민 이야기 | 김정환 eBook

465 첨단무기의 세계 | 양낙규 eBook

474 뇌의 비밀 | 서유헌 eBook

㈜살림출판사

www.sallimbooks.com

주소 경기도 파주시 문발동 522-1 | 전화 031-955-1350 | 팩스 031-955-1355